Der große XENOS

ATLAS Mittelalter

ISBN 3-8212-2129-1

Verantwortlich für die deutsche Ausgabe:

Am Hehsel 40, 22339 Hamburg

Text: Neil Morris, John Malam, Anne McRae

Bildrecherche: Tatjana Marti und Marco Nardi

Illustrationen: Paola Ravaglia, Ivan Stalio,
Matteo Chesi, Alessandro Cantucci, Andrea Morandi

Lorenzo Cecchi, Giorgio Albertini, Valentina Di Serio,
Fabiano Fabbrucci, Gian Paolo Faleschini, Michela Gaudenzi,
Sauro Giampaia, Jean-Marie Guillou, Sabrina Marconi,
Federico Micheli, Antonella Pastorelli

Übersetzung aus dem Englischen:
Birgit Ress Bohusch, Tatjana Marti,
Joachim Peters

Redaktion: Irmgard Krasser, Alzbeta Lettowsky, Tatjana Marti

Grafik: Marco Nardi

Clichés: Litocolor, Florence (Italy)

Originalausgabe:

via de' Rustici, 5 – Florence, Italy

Printed and bound in Italy
by Grafiche Editoriali Padane, Cremona

Der große XENOS

ATLAS Mittelalter

Text: Neil Morris, John Malam, Anne McRae

Illustrationen: Paola Ravaglia,
Matteo Chesi, Alessandro Cantucci, Andrea Morandi

XENOS

Inhalt

Gefäß in Form eines Greifen, das Wasser für rituelle Handwaschungen enthielt. Seine kunstvolle Ausführung und seine Schönheit erinnern uns daran, da an den Königshöfen und in den Haushalten der Reichen schon damals ein sehr hoher Lebensstandard herrschte.

Die meisten Europäer des Mittelalters waren arme Bauern. Über ihnen stand in der gesellschaftlichen Hierarchie eine zahlenmäßig kleine Schicht von Kaufleuten, Mönchen, Nonnen, Soldaten und Händlern. Eine noch kleinere Gruppe von Menschen bildete die oberste gesellschaftliche Schicht, der Ritter, reiche Bankiers und Kaufleute, hohe Kirchenvertreter, Adelige sowie Fürsten und Könige angehörten.

Das Mittelalter war eine Zeit der Erneuerung in der Kunst der Kriegsführung. Vor allem in der Herstellung von Waffen, im Schiffbau, in der Fertigung von Körperpanzerungen und im Bau von Befestigungsanlagen wurden beträchtliche Fortschritte erzielt. Die Ritter des Mittelalters trugen ausgesprochen kunstvoll gearbeitete Rüstungen.

Normannischer Helm mit Gesichtsschutz

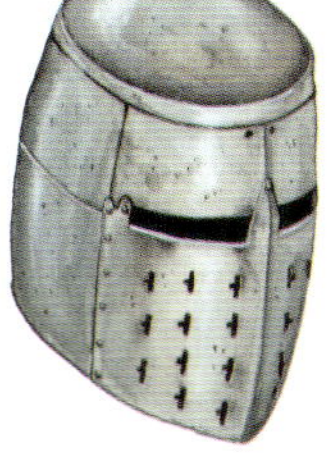

Großer Helm

Kesselhaubenhelm mit gepanzertem Visier

Plattenpanzer

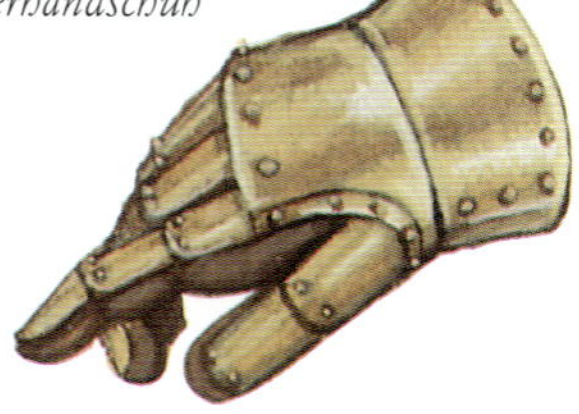

Panzerhandschuh

Im Verlauf der Ausbreitung des Christentums entstand der Brauch, Pilgerreisen (oft von beträchtlicher Länge) zu Heiligenschreinen oder anderen heiligen Orten zu unternehmen. Die Pilger nahmen diese Anstrengungen auf sich, um Vergebung ihrer Sünden oder Hilfe zu erbitten, Gott zu danken oder einfach nur ihre Frömmigkeit unter Beweis zu stellen.

Einleitung

Um das Jahr 600 bekannte sich der größte Teil Europas bereits zum Christentum. Dieses winzige Porträt auf Glas zeigt eine frühchristliche Familie.

Die Zeit, die wir Mittelalter nennen, umfasst in Europa rund 1000 Jahre vom Fall des Weströmischen Reiches im Jahr 476 n. Chr. bis zu den großen Entdeckungsreisen im 15. und 16. Jahrhundert. Nicht selten ist auch vom „finsteren" Mittelalter die Rede, weil dieser Zeitraum noch immer oft als eine Periode des Niedergangs in Wissenschaft, Kunst und Kultur gesehen wird, in der die Menschen in Angst, Unwissenheit und Armut lebten. Wie wir in diesem Buch sehen werden, trifft das in vieler Hinsicht nicht zu. Die Zeit zwischen dem 3. und dem 6. Jahrhundert war gekennzeichnet von großen Völkerwanderungen, in deren Verlauf germanische und slawische Stämme ins Römische Reich einfielen und sich dort ansiedelten. Nach einer Phase der Unruhen wurden die meisten dieser Volksgruppen im 9. Jahrhundert unter Karl dem Großen und den Karolingern vereint, und es folgte eine Periode der Erneuerung und des Wachstums. Im 11. Jahrhundert stieg die Bevölkerungszahl stark an, und in technologischer wie wissenschaftlicher Hinsicht zeichneten sich wichtige Fortschritte ab. Trotz des Schreckens des schwarzen Todes im 14. Jahrhundert kam es langfristig zu einem Anwachsen der Bevölkerung und des Wohlstands in Europa. Das 15. Jahrhundert war geprägt von den großen Entdeckungsreisen, die in den folgenden Jahrhunderten zu einer weltweiten Vorherrschaft der europäischen Mächte führten.

Mosaikporträt von Tankred, dem letzten normannischen König Sizilien . Die Normannen hielten die Mittelmeerinsel im 11. und 12. Jahrhundert über einen Zeitraum von 125 Jahren besetzt. Sie sind aber nur eines von vielen Beispielen für Invasoren. Das Einfallen fremder Völker war in der Welt des Mittelalters an der Tagesordnung. Ganze Volksgruppen legten weite Entfernungen zurück, um am Ende andere Völker zu unterjochen oder in ihnen aufzugehen.

Während des gesamten Mittelalters kam es zu technischen und wissenschaftlichen Fortschritten. Vor allem das Reich der Muselmanen, das sich vom Nahen Osten bis nach Spanien erstreckte, galt als Hort der Gelehrsamkeit und Wiege neuer Entdeckungen.

Nachdem in China und Europa schon seit einiger Zeit Leselupen in Gebrauch waren, wurde die Verwendung von Brillen erstmals im Florenz des 13. Jahrhunderts dokumentiert.

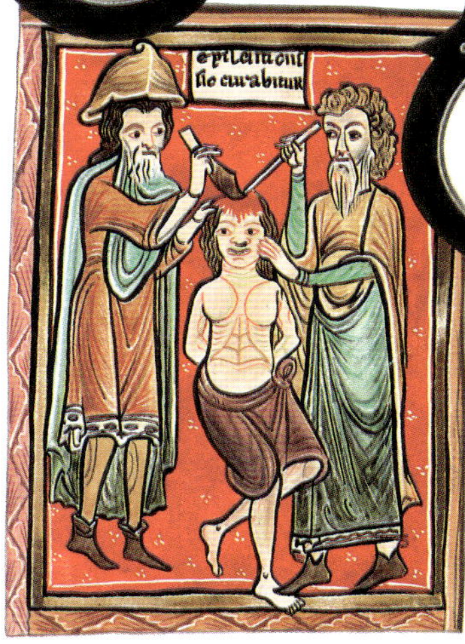

Die erste medizinische Fakultät Europas, die Studenten aus ganz Europa anzog, entstand im 10. Jahrhundert im süditalienischen Salerno. Diese erstaunlich fortschrittliche Institution stand sogar Frauen offen.

Die östliche Hälfte des Römischen Reiches, das Byzantinische Reich, konnte sich nach dem Zusammenbruch der Westhälfte noch fast tausend Jahre halten. Sein Ende kam im Jahr 1453, als die Türken des Osmanischen Reiches die Stadt Konstantinopel einnahmen. Die oben abgebildete Darstellung zeigt die gemeinsam regierenden Kaiser Michael I. und Leo V. im Jahr 813.

Detail einer Miniatur des legendären König Artus.

Der reich verzierte byzantinische Reliquienschrein des Wahren Kreuzes, der heute im italienischen Venedig aufbewahrt wird. Wie zahlreiche andere ähnliche Behältnisse soll auch er Stücke des Holzes von dem Kreuz enthalten, an das Jesus Christus geschlagen wurde.

Dieser kunstvoll geschnitzte Stuhl wurde im 15. Jahrhundert in Piemont gefertigt. Die Entstehung einer wohlhabenden Schicht von Kaufleuten führte zu einer steigenden Nachfrage nach schönen Haushaltsgegenständen und Möbelstücken.

Ab dem 11. Jahrhundert führte der Bevölkerungszuwachs in ganz Europa zur Bildung immer neuerer und immer größerer Städte.

Die Barbaren
Im Norden und Osten des Römischen Reiches gab es viele Völkerschaften, die von den Römern ohne Unterschied als Barbaren bezeichnet wurden. Zu ihnen gehörten die Stämme der Goten, Vandalen, Franken und Sachsen. Weiter entfernt, in den Steppen Innerasiens, lebten die kriegerischen Hunnen. Als diese nomadischen Reiter auf der Suche nach neuem Lebensraum langsam westwärts nach Europa vorrückten, verdrängten sie andere Stämme und lösten so eine gewaltige Völkerwanderung aus. Anfangs duldeten die Römer die Flüchtlinge, die in ihr Reich strömten, aber schon bald änderten sie ihre Haltung und versuchten der Invasion Einhalt zu gebieten. Aber die schwachen römischen Armeen waren den Scharen von Eindringlingen nicht gewachsen und schon bald überrollten die Barbaren das Reich.

Im 8. Jahrhundert waren die Soldaten in der Schlacht mit leichten Rundschilden sowie langen spitzen Schwertern und Lanzen ausgerüstet. Dazu trugen sie Helme aus Leder oder Eisen und Harnische aus schuppenförmig angeordneten Metallplättchen.

Der Eisenhelm eines Hunnenkriegers. Im 5. Jahrhundert waren die Hunnen stärker und gefürchteter als jedes andere Barbarenvolk. Bis zu Attilas Niederlage im Jahr 451 stellten sie die größte Bedrohung dar, der das Römische Reich je ausgesetzt gewesen war.

Der Untergang des Römischen Reiches

Um das 3. Jahrhundert n. Chr. setzte der Zerfall des römischen Imperiums ein. Es war das größte Reich, das die Welt je gekannt hatte, aber gerade dadurch ließ es sich nur schwer zusammenhalten. Als Kaiser Diokletian 284 die Teilung in ein West- und ein Ostreich vornahm, um das riesige Territorium leichter beherrschen zu können, schwächte er die Bedeutung von Rom, und nur knapp 50 Jahre später war seine Rolle als Zentrum und Hauptstadt der klassischen Welt vorbei. Kaiser Konstantin verlegte seine Residenz nach Byzanz im Osten und errichtete dort eine glanzvolle Metropole, die er Konstantinopel nannte. Während die Staatsmänner das Reich durch umfassende Reformen neu zu ordnen versuchten, nahm das Heer stetig an Größe zu. In seinen Reihen standen viele Barbaren, die gegen Geld kämpften. Um diese Söldner bezahlen zu können, erlegte der Staat seinen Untertanen hohe Steuern auf. Das römische Heer war jedoch ebenso schwach wie die Regierung und leistete kaum Widerstand, als die ersten Fremdvölker die Grenzen des Reiches überschritten: Die Tage Roms waren gezählt.

Die Franken
Um die Mitte des 5. Jahrhunderts ließen sich die Franken, deren Name „freie Männer" bedeutet, in Gallia Belgica (dem heutigen Belgien) nieder. Ab 425 fielen sie dann unter ihrem König Chlodio in Gallien (dem heutigen Frankreich) ein. Die römischen Städte in Gallien waren zu schlecht gesichert, um dem Vordringen der Franken Einhalt zu gebieten, und so gelang es den Barbaren in nur fünfzig Jahren, eine der größten Provinzen des Römischen Reiches in ihren Besitz zu bringen.

Attila (ca. 406-453), im Deutschen auch Etzel genannt, war ein Hunnenkönig, der wegen seiner zahlreichen Raubzüge den Beinamen „Gottesgeißel" erhielt. Er eroberte riesige Ländereien in Osteuropa und wandte sich dann dem Westen zu, wurde aber 451 von einem gemeinsamen Heer der Römer und Westgoten in der Schlacht auf den Katalaunischen Feldern besiegt.

Barbarenvölker nutzten die zunehmende Schwäche des Römischen Reiches, um in sein Territorium einzufallen und sich hier niederzulassen. Zu den Invasoren gehörten auch die Sachsen, die ihre Gefallenen auf solchen Grabsteinen verewigten.

Als Valerian (253-260) den Kaiserthron bestieg, übernahm er ein zerfallenes Reich. Er versuchte, die an die Perser verlorenen Gebiete im Nahen Osten zurückzuerobern. Nach anfänglichen Erfolgen wurde er jedoch 260 durch den Perserkönig Schapur I. (Abbildung links) gefangen genommen und als Sklave gedemütigt: Schapur benutzte Valerian als Fußschemel, wenn er sein Pferd bestieg.

Im Jahr 284 erfolgte die Teilung des Römischen Reiches. Kaiser Diokletian (284-305) herrschte über den Osten, Kaiser Maximian über den Westen.

Eine Zeitlang war Theodosius I. (379-395) – hier im Zentrum auf einer Silberschale abgebildet – wieder Alleinherrscher über das Römische Reich. Nach seinem Tod teilten es seine Söhne erneut auf: Arkadius erhielt den Osten, Honorius den Westen.

Flavius Stilicho (gest. 408) war ein tüchtiger Vandalen-Feldherr in Diensten der Römer, der 402 den Westgoten-König Alarich in der Schlacht von Pollentia besiegte und sich deshalb rühmte, Rom gerettet zu haben. Seine Versuche, den Kaiserthron für sich zu gewinnen, ließen ihn jedoch in Ungnade fallen. Er musste fliehen und wurde später hingerichtet.

Invasoren und Siedler

Die Karte (unten) zeigt die Vorstöße der Barbarenvölker, die im 4. und 5. Jahrhundert aus dem Osten kamen und in das Römische Reich einfielen. Roms Truppen leisteten wenig Widerstand, da sie zu jener Zeit hauptsächlich aus Barbarensöldnern bestanden. So verwunderte es niemanden, als germanische Söldner im römischen Heer einen Barbaren zu ihrem König ausriefen: Odoaker aus dem Stamm der Skiren, die sich in Italien niedergelassen hatten. Im September 476 setzte Odoaker den erst 16-jährigen Kaiser Romulus Augustulus (475–476) ab und besiegelte damit das Ende des Westreiches.

In der Frühzeit der römischen Geschichte hatte das Konsul-Amt eine Schlüsselrolle in der Regierung gespielt. In der Kaiserzeit waren Konsuln – wie der hier abgebildete Junius Bassus – von eher untergeordneter Bedeutung. Nach der Reichsteilung blieb das Amt zunächst sowohl im Westen wie im Osten erhalten, wurde jedoch bald nach dem Fall des Weströmischen Reiches endgültig abgeschafft.

Ein Mosaik aus Aquileja an der Adriaküste. Der Ort wurde 452 wie so viele andere italienische Städte von Attila und seinen Hunnen verwüstet. Die Bewohner flohen in die nahen Sümpfe und Lagunen und errichteten dort eine neue Stadt – das spätere Venedig.

Westgotische Adler-Brosche aus Bronze und Email.

Die Karte zeigt die Vorstöße der Barbarenvölker, die im 4. und 5. Jahrhundert aus dem Osten kamen und in die Westgebiete des Römischen Reiches einfielen.

Trier an der Mosel war eine der Städte, in die das Römische Reich vorübergehend seine Macht verlagerte. Kaiser Konstantin (307-337) residierte hier, ehe er Byzanz (Konstantinopel) zum neuen Mittelpunkt der römischen Welt machte.

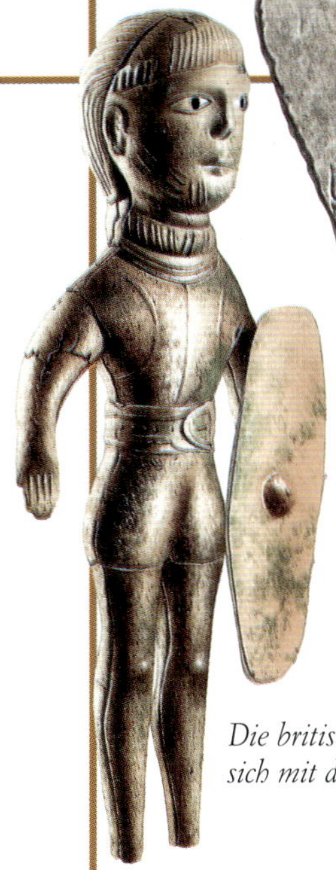

Im 7. Jahrhundert meißelten die Pikten in Schottland solche Steine mit den Abbildern von Stieren, Schlangen, Adlern und Hirschen.

Die britische Urbevölkerung vermischte sich mit den Angelsachsen.

England: Angeln, Sachsen und Jüten
Zwischen dem 5. und 7. Jahrhundert landeten die im heutigen Norddeutschland und Dänemark beheimateten Angeln, Sachsen und Jüten auf den britischen Inseln. Zunächst besiedelten sie den Osten von England, vermischten sich aber bald mit den dort ansässigen romanisierten Kelten und dehnten ihren Einfluss bis nach Wales im Westen und Schottland im Norden aus. Im Laufe der Zeit entstanden sieben angelsächsische Königtümer, die sich schließlich zu einem Reich mit dem Namen England – Land der Angeln – vereinten.

In einem Hügelgrab im englischen Sutton Hoo (Suffolk) wurde um 625 ein angelsächsischer König in einem Holzboot beigesetzt. Zu den reichen Grabbeigaben gehörte ein Paar Fibeln aus Gold und Email – Spangen, mit denen man Gewänder an der Schulter befestigte.

Silber-Penny von König Offa, der von 757 bis 796 das Reich Mercia in England regierte.

Bronzehelm eines hoch gestellten fränkischen Kriegers (ca. 600). Einfache Soldaten trugen schlichte Lederhelme.

Die Barbaren-Reiche

Nach dem Zerfall des Westreiches stießen Barbaren über seine Grenzen vor und beanspruchten große Teile des römischen Herrschaftsgebiets für sich. Es war eine Zeit der Unruhen und Völkerwanderungen, in der die Zivilisation und Bildung der Antike fast in Vergessenheit gerieten. Aber aus dieser Epoche, die oft als „Dunkles Zeitalter“ bezeichnet wird, gingen starke neue Reiche hervor, die ihre eigene Identität, Sprache und Kultur besaßen. So wurde damals das Fundament für eine Reihe moderner europäischer Nationen wie England, Frankreich, Deutschland, Italien und Spanien geschaffen. Die jungen Reiche begegneten zunächst starken Widerständen. Im 6. Jahrhundert versuchte der oströmische Kaiser Justinian (527-565), die im Westen verloren gegangenen Gebiete zurückzugewinnen, aber seine Erfolge waren nicht von Dauer. Lediglich die Araber, die Spanien und Portugal vom 8. bis zum 15. Jahrhundert besetzt hielten, übten einen bleibenden Einfluss auf die Entwicklung Europas im frühen Mittelalter aus.

Die Westgoten errichteten ihre Hauptstadt im spanischen Toledo. Von dort stammt dieses Beispiel christlicher Kunst aus dem 7. Jahrhundert – eine Krone, die einst über einem Kirchenaltar hing.

Der Westgoten-König Rekhared I. (586-601) ließ in Spanien diese Münze prägen.

Spanien: Westgoten
Zu Beginn des 5. Jahrhunderts wurden die Westgoten (= Wisigoten) in Südfrankreich und Nordspanien ansässig. Nachdem sie die Vandalen aus Spanien verdrängt hatten, breiteten sie sich über die gesamte iberische Halbinsel aus. Einen Rückschlag erlitten sie 507, als die Franken sie besiegten und alles Land nördlich der Pyrenäen eroberten. Im 6. Jahrhundert kam es zu einem Erbfolgestreit, der das Reich empfindlich schwächte. Als der letzte Westgoten-König Roderich (710-711) den Thron bestieg, baten seine Gegner den moslemischen Heerführer Tarik ibn Sijad um Beistand. Dessen Sieg in der Schlacht von Medina Sidonia im Jahr 711 war der Auftakt zur Eroberung Spaniens durch die Mauren.

Das im Jahr 661 errichtete Kirchlein San Juan de Baños de Cerrato ist das wohl schönste noch erhaltene Bauwerk der Westgoten in Spanien.

Das große Können der westgotischen Bildhauer in Spanien zeigt sich an diesem Abschluss oder Kapitell einer Kirchensäule. Die Arbeit aus dem 7. Jahrhundert stellt eine Szene aus dem Alten Testament dar: Daniel in der Löwengrube.

Frankreich und Deutschland: Franken
Begründer des Frankenreiches war Chlodwig I. (481-511), der mit seinem Volk zum Christentum übertrat. Zwischen dem 6. und 9. Jahrhundert dehnten die Franken ihr Herrschaftsgebiet aus, bis es schließlich fast das gesamte christliche Westeuropa umfasste: Frankreich, die Niederlande, Deutschland, Österreich, die Schweiz sowie Nord- und Mittelitalien. Seine größte Macht erreichte es unter Karl dem Großen (771-814), der Paläste und Kirchen bauen ließ, das Christentum unterstützte sowie Wissenschaft, Kunst und Handel förderte. 843 und 870 wurde das riesige Imperium in kleinere Königtümer unterteilt; aus den Teilreichen gingen später Frankreich und Deutschland hervor.

Thron von Frankenkönig Dagobert I. (629-639), der Paris zu seiner Hauptstadt machte.

Gürtelschnalle aus Gold und Silber. Fränkische Arbeit aus dem 6. Jahrhundert.

Königin Radegund (518-587), die mildtätige Gemahlin des Frankenkönigs Chlothar I., gründete in Poitiers ein Kloster, in das sie später selbst eintrat. Nach ihrem Tod wurde sie heilig gesprochen.

Teil eines lombardischen Helms aus dem 6. Jahrhundert.

Italien: Ostgoten und Lombarden
Die Ostgoten (= Ostrogoten) drangen 489 nach Italien ein, wo sie unter Theoderich dem Großen (471-526) ein Königreich gründeten. Obwohl selbst Barbaren, bekannten sich die Ostgoten zum Christentum und verteidigten die zivilisierte Welt gegen die Einfälle anderer Barbarenstämme. Als ihr Reich um die Mitte des 6. Jahrhunderts zerfiel, breiteten sich die Langobarden in Norditalien aus.

Der Ostgoten-König Theoderich der Große ließ sich in seiner italienischen Hauptstadt Ravenna ein Grabmal errichten, in dem seine Asche beigesetzt wurde.

Ausschnitt eines Mosaiks mit dem Palast von Theoderich dem Großen in Ravenna.

Nordafrika: Vandalen
Die Vandalen, die ursprünglich aus Schlesien und Westpolen stammten, zogen zu Beginn des 5. Jahrhunderts südwestwärts und überquerten 406 den Rhein, wurden aber von den Franken an der Besiedlung von Gallien gehindert. Deshalb zogen sie weiter in den Süden. 409 ließen sie sich in Spanien nieder, doch bereits 429 mussten sie dem Druck der Westgoten weichen. Angeführt von ihrem König Geiserich, überquerten sie das Mittelmeer bei Gibraltar und landeten in Nordafrika, wo sie ein römisches Heer besiegten. Bis 435 hatten sie einen Großteil der römischen Provinz in Afrika erobert. Die Einnahme von Karthago gelang ihnen 439. In den folgenden Jahren errichteten sie ein mächtiges Reich. Vandalenschiffe beherrschten das Mittelmeer, und 455 wurde Rom von Vandalentruppen erobert und systematisch geplündert. Doch mit dem Tod von Geiserich im Jahr 477 setzte der Verfall des Reiches ein. Sein Untergang war besiegelt, als Karthago 533 von einem byzantinischen Heer besiegt wurde.

Der Codex argenteus *(„silbernes Buch“, rechts), eine Evangelien-Übersetzung in Silber- und Goldschrift auf purpurrotem Pergament, entstand um 520 in Ravenna. Von den ursprünglich 320 Blättern sind nur noch 188 erhalten.*

Dieses Reiter-Mosaik aus dem 6. Jahrhundert, das in Karthago entdeckt wurde, könnte einen Vandalen darstellen. Die Mosaikkunst blieb in Nordafrika noch lange nach dem Ende der römischen Herrschaft bestehen.

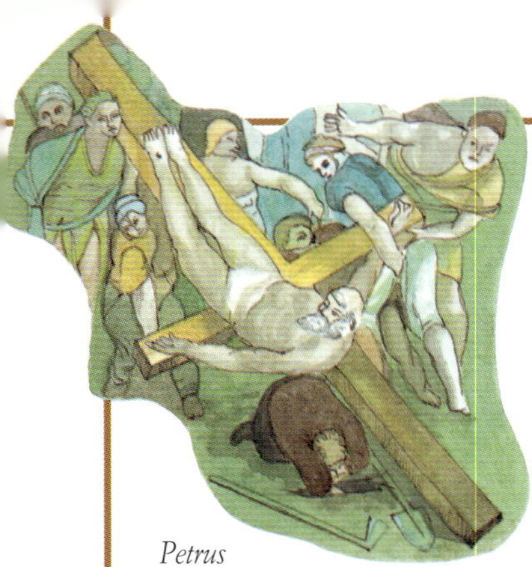

Petrus stand an der Spitze der Jünger und leitete die christliche Urgemeinde von Jerusalem. Der Überlieferung nach erlitt er während der Christenverfolgung in Rom den Märtyrertod. Die Katholiken glauben, dass Petrus von Jesus zum ersten Oberhaupt der christlichen Kirche auserwählt wurde und dass er das Papsttum einführte.

Die Ausbreitung des Christentums

Die Reisen des Paulus und anderer Missionsapostel im 1. Jahrhundert n. Chr. führten zu einer Ausbreitung des Christentums im gesamten Römischen Reich. Bald darauf gliederte sich die christliche Kirche in eine Reihe von Gemeinden, die von Bischöfen geleitet wurden. Die höchste Stellung nahmen die Bischöfe der großen Christengemeinden in Rom, Antiochia, Alexandria und Karthago ein. Da die Christen zu jener Zeit allerdings häufig verfolgt wurden, mussten sie sich zu ihren Gottesdiensten heimlich treffen. Das änderte sich schlagartig, als der römische Kaiser Konstantin der Große ab 313 n. Chr. das Christentum begünstigte. Von nun an erhielten Bischöfe und andere Geistliche besondere Privilegien. Es entstanden Kirchen und Klöster, und die Heiden traten scharenweise zum Christentum über. Als die Christen ihre eigene Glaubenslehre oder Theologie entwickelten, begannen auch Gelehrte und Schriftsteller das Wort Gottes zu verkünden und förderten damit seine Verbreitung. Außerdem erhielt die Kirche Beistand von christlichen Herrschern, die Andersgläubige oder Abweichler unter Druck setzten und zum Schweigen brachten. Um 600 n. Chr. war ein Großteil des einstigen Römischen Reiches zum Christentum bekehrt.

Der Apostel Paulus stand zwei Jahre lang in Rom unter Hausarrest, hielt aber weiterhin Kontakt mit den Christengemeinden, die er ins Leben gerufen hatte. Manche Quellen berichten, er sei freigelassen, später aber gefangen genommen und auf Befehl von Kaiser Nero enthauptet worden.

Dieses Gemälde zeigt ein frisch vermähltes Paar, das von Christus gesegnet wird. Zu Beginn des 4. Jahrhunderts war das Christentum so weit verbreitet, dass es rasch zur römischen Staatsreligion aufstieg.

Viele Urchristen wurden in unterirdischen Friedhöfen bestattet, den so genannten Katakomben. Berühmt sind die weitläufigen Katakomben von Rom.

Katakomben bestanden aus einem Labyrinth enger, dunkler Gänge im Felsgestein. Die Grabnischen wurden in die Seitenwände gehauen.

Gottesdienste der Frühzeit

Mit der Ausbreitung des Christentums festigten sich bestimmte Rituale, vor allem solche, die aus dem Kreis der Apostel selbst stammten. Dazu gehörte das gemeinsame Verzehren von Brot und Wein zum Gedenken an das Letzte Abendmahl (oben als Relief dargestellt). Diese Zusammenkünfte sollten die Brüderlichkeit und Liebe unter den Christen betonen, wurden aber von vielen Römern missverstanden, die darin eine geheime Verschwörung sahen. So schrieb Paulus in einem mahnenden Brief nach Korinth – wo er eine blühende Christengemeinde gegründet hatte –, die Gläubigen sollten bei ihren Abendmahl-Feiern nicht so viel essen und trinken. Der Apostel zeigte sich besorgt, dass die Korinther ihre neue Religion zu weltlichen Gelagen missbrauchen könnten.

Das keltische Christentum

In solche mächtigen keltischen Steinkreuze waren Heiligenfiguren, aber auch Tiergestalten und andere verschlungene Motive eingemeißelt. Der Ring, der die Kreuzarme umschloss, hatte seinen Ursprung in einem vorchristlichen Sonnensymbol. Ab dem 6. Jahrhundert dehnte die keltische Kirche ihren Einfluss von Irland und Wales auf Schottland aus. Der Missionar Columba (521-98) gründete ein Kloster auf der Insel Iona und schickte von dort seine Mönche nach Nordengland. Durch regionale Besonderheiten kam es jedoch zu Konflikten zwischen der keltischen und der römisch-katholischen Kirche, die erst ein Ende fanden, als die Christen Britanniens 768 die Oberhoheit Roms anerkannten.

Die Jünger zeichneten von Jesus gern das Bild des guten Hirten. Deshalb taucht im frühen Christentum häufig die Vorstellung von der Herde der Gläubigen auf.

Der Fisch war ein frühes Geheimzeichen für Christus. Der griechische Begriff „ichthys“ (= Fisch) setzt sich aus den Anfangsbuchstaben der Worte „Iesous Christos theou hyios soter“ (= Jesus Christus Sohn Gottes Heiland) zusammen.

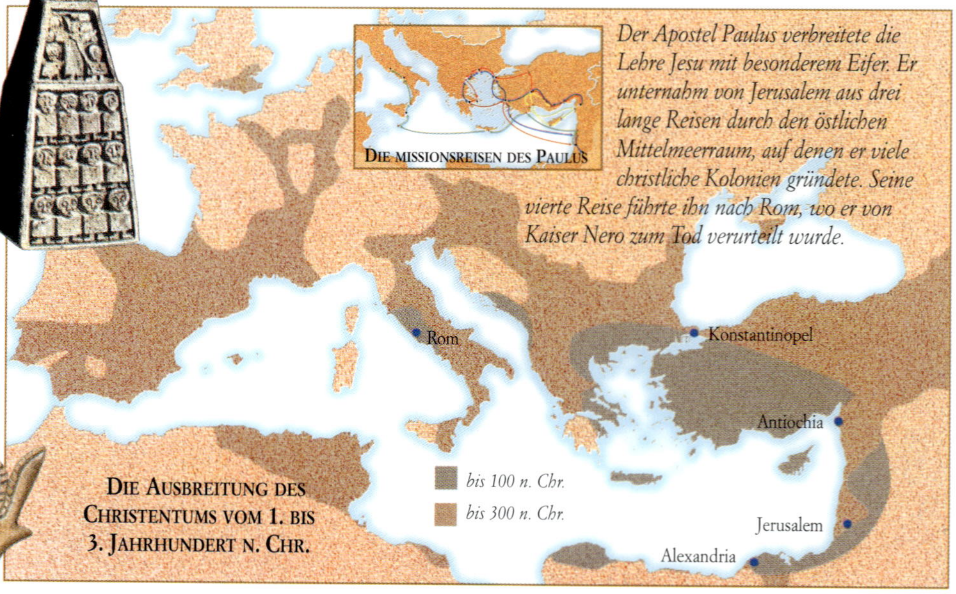

Der Apostel Paulus verbreitete die Lehre Jesu mit besonderem Eifer. Er unternahm von Jerusalem aus drei lange Reisen durch den östlichen Mittelmeerraum, auf denen er viele christliche Kolonien gründete. Seine vierte Reise führte ihn nach Rom, wo er von Kaiser Nero zum Tod verurteilt wurde.

Die Ausbreitung des Christentums vom 1. bis 3. Jahrhundert n. Chr.

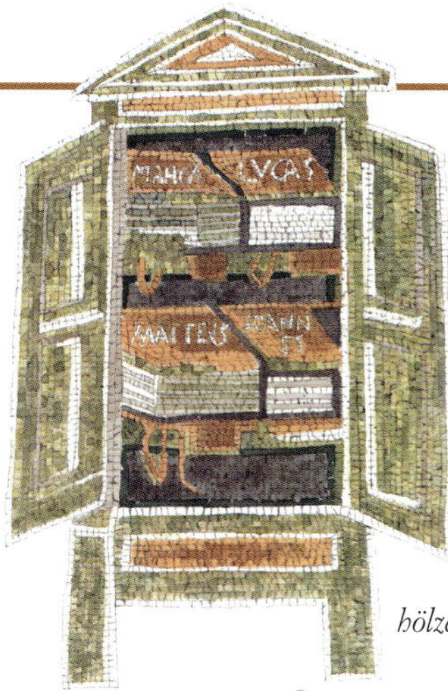

Die frühen Christen konnten in den Schriften des Neuen Testaments die Lebens- und Leidensgeschichte Jesu nachlesen. Dieses Mosaik (links) zeigt die Evangelien von Matthäus, Markus, Lukas und Johannes in einem hölzernen Schrank.

Im Mittelpunkt des Christentums stand und steht der Glaube, dass Jesus der Sohn Gottes war, der auf die Erde gesandt wurde, um die Menschheit zu erlösen.

Die erste Peterskirche wurde 333 in Rom erbaut. Man vermutet, dass sie sich über dem Grab des Apostels befindet.

Unten: Mosaik einer frühchristlichen Basilika in römischem Stil.

Dieser frühchristliche Kalender (oben) hielt sich an das System, das Julius Caesar 46 v. Chr. eingeführt hatte. Der Julianische Kalender überdauerte das gesamte Mittelalter und wurde erst 1582 von Papst Gregor XIII. geringfügig verändert.

Der heilige Augustinus (354-430) trat 386 zum Christentum über und wurde Bischof von Hippo Regius im römisch verwalteten Nordafrika. Er gilt heute noch als der größte Kirchenlehrer des christlichen Altertums. Seine innere Entwicklung schilderte er in der Autobiografie Confessiones („Bekenntnisse“).

Oben: 312 stiftete Konstantin der Große dem Bischof von Rom den Lateranpalast und gab den Christen ihr beschlagnahmtes Eigentum zurück. Außerdem sorgte er 313 durch das Toleranzedikt von Mailand für Religionsfreiheit und Gleichberechtigung des Christentums.

Schon früh bemühte sich die Kirche, ihre Lehre zu vereinheitlichen. Die Illustration (rechts) entstand zum Gedenken an ein Konzil, das im 4. Jahrhundert in Nicäa in der heutigen Türkei einberufen wurde, um den Arianismus als Irrglauben zu verurteilen. Die vom libyschen Priester Arius ins Leben gerufene Sekte leugnete die göttliche Natur von Jesus.

Im 6. Jahrhundert gründete Benedikt von Nursia (Italien) einen Orden, dessen Angehörige nach ganz bestimmten Regeln leben mussten. Die Illustration zeigt einen jungen Benediktiner-Mönch, der von seinem Abt unterrichtet wird.

Der syrische Mönch Simeon (ca. 390-459) saß über 35 Jahre als Eremit auf einer 15 m hohen Säule (links). Die Schlange ist ein Symbol für die weltlichen Versuchungen, denen Simeon widerstand.

Bischöfe, Missionare und Eremiten

Als sich das Christentum ausbreitete, errichteten die Gläubigen Kirchengemeinden, die von Bischöfen geleitet wurden. Ihnen zur Seite standen Presbyter („Älteste“) und Diakone („Diener“). Manche Bischöfe wie der hl. Augustinus waren große Gelehrte. Andere Christen zogen es vor, dem Beispiel des Apostels Paulus zu folgen: Sie wurden Missionare und legten weite Reisen zurück, um überall das Wort Gottes zu verkünden. Der hl. Benedikt und andere gründeten Klöster, in denen Christen, abgeschieden von der übrigen Welt, ein Leben ganz im Dienste der Religion führen konnten. Einzelne Gläubige wie der Mönch Simeon gingen noch einen Schritt weiter: Sie verzichteten auf jeglichen Kontakt zu anderen Menschen und wurden fromme Eremiten oder Einsiedler.

Dieses Taufbecken (unten) aus dem 6. Jahrhundert diente zur Aufnahme von Bekehrten in den Kreis der Christen. Das Untertauchen im geweihten Wasser des Beckens war ein Symbol für das Reinwaschen von Sünden.

Viele Urchristen starben als Märtyrer. Das heißt, sie wurden hingerichtet, weil sie sich weigerten, ihrem Glauben abzuschwören.

Die Elfenbeinschnitzerei aus dem 9. Jahrhundert zeigt den Frankenkönig Chlodwig, der von seiner katholischen Gemahlin Chlothilde zum Christentum bekehrt wurde und sich im Jahr 496 mit 3 000 seiner Krieger taufen ließ.

Die Welt des Islam

Nach islamischer Überlieferung wurde Mohammed das Wort Gottes offenbart, als er sich zu Andachtsübungen in eine Höhle am Berg Hira (oben) bei Mekka zurückgezogen hatte. Dort erschien ihm der Engel Gabriel und gebot ihm, seinem Volk die Botschaft des Herrn zu verkünden.

Die islamische Religion entwickelte sich im 7. Jahrhundert n. Chr. in Arabien, als der Prophet Mohammed eine göttliche Offenbarung hatte und zu predigen begann. Die Anhänger des Islam, Moslems oder Muslime genannt, begannen ihre Zeitrechnung 622 n. Chr. – dem Jahr, in dem Mohammed und sein Gefolge von der Stadt Mekka im heutigen Saudi-Arabien in die Oase Medina zogen. Schon bei Mohammeds Tod im Jahr 632 hatte der Islam den größten Teil Arabiens erobert und er breitete sich weiter in Windeseile aus. Die muslimischen Araber hatten einen großen Vorsprung in Wissenschaft und Technik, aber sie waren auch fanatische Krieger, die sich von ihrem Glauben beflügeln ließen. Wenn sie ein Land eroberten, waren sie im Allgemeinen tolerant gegenüber den Religionen der dortigen Bewohner. Das galt insbesondere für die Juden und Christen, die wie sie nur einen Gott verehrten. Die muslimischen Herrscher, die Kalifen genannt wurden, kamen etwa sechs Jahrhunderte lang aus nur zwei Familien oder Dynastien – den Omaijaden, die ihre Hauptstadt von Medina nach Damaskus verlegten, und den Abbasiden, die von Bagdad aus regierten.

Mohammed, dessen Gesicht auf dieser Miniatur nicht zu sehen ist, traf sich in Mekka häufig zum gemeinsamen Mahl mit seinen Anhängern, die meist den ärmeren Schichten angehörten. Bei den Reichen stießen die Lehren des Propheten zunächst auf Ablehnung. Sie befürchteten, dass sie ihre Macht verlieren würden, weil der neue Glaube die Gottespflicht über Familie und gesellschaftliches Ansehen stellte.

Eine prachtvoll gestaltete Seite aus dem Koran, dem heiligen Buch des Islam. Um 650 n. Chr. schrieben Mohammeds Anhänger die Worte nieder, die Gott ihm offenbart hatte und gliederten sie in 114 Kapitel oder Suren. Der Text ist in Arabisch verfasst.

Darstellung aus einem Manuskript über militärische Übungen im 14. Jhdt. Zu beachten ist der Säbel des Kriegers, der an die Form des islamischen Halbmond-Symbols erinnert.

Die Kachel trägt das Schriftzeichen „Allah" (arabisch für „der Gott"). Mohammed lehrte, dass Allah der „eine und einzige Gott" sei.

Oben: Das größte Heiligtum des Islam ist die würfelförmige Kaaba in Mekka, in deren Innern sich ein uralter schwarzer Stein befindet. Muslime aus aller Welt blicken in Richtung der Kaaba, wenn sie ihre Gebete sprechen.

Umgeben von gefüllten Bücherregalen, lesen und diskutieren muslimische Gelehrte in einer islamischen Bibliothek. Die hier gezeigte Miniatur stammt aus einer Handschrift, die 1237 in Bagdad angefertigt wurde.

Bildung und Wissen

In der Zeit vor Mohammed gab es für arabische Kinder keine Schulen. Aber der Prophet legte großen Wert auf Bildung und auch der Koran ermutigt zum Lernen. Bald waren muslimische Gelehrte weithin geachtet, und man rühmte ihren hohen Wissensstand in Astronomie, Mathematik, Technik, Medizin und Geografie. Dazu kam, dass sie viele Schriften der alten Griechen übersetzten, die sonst wohl für immer verloren gegangen wären. Muslime erbauten überall in der islamischen Welt Schulen, Universitäten und Bibliotheken und richteten darüber hinaus in Moscheen besondere Schulen, die „Kuttabs", ein. Um 970 wurde im ägyptischen Kairo die Al-Azhar-Moschee gegründet, deren Schule sich zu einer Universität mit kostenlosem Unterricht entwickelte – vermutlich die erste Universität der Welt. Auch in Bagdad im heutigen Irak, im spanischen Granada sowie im marokkanischen Fez entstanden muslimische Universitäten.

Die Nomaden der Arabischen Halbinsel wurden als Beduinen („Wüstenbewohner") bezeichnet. Ihre genügsamen Kamele waren in der Wüste ideale Reit- und Lasttiere, die in langen Karawanen über uralte Handelsstraßen zogen. Die Beduinen trieben aber nicht nur Handel, sondern waren auch tapfere Krieger.

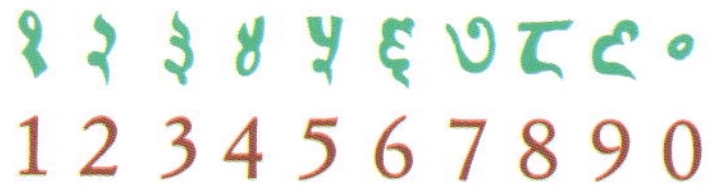

Die Muslime waren begabte Mathematiker, die im 9. Jahrhundert das erste Algebra-Lehrbuch zusammenstellten. Das arabische Zahlensystem kannte bereits die Null, die als Punkt ausgedrückt wurde.

Der Felsendom in Jerusalem wurde von Abd al-Malik, dem Kalifen der herrschenden Omaijaden-Dynastie, in Auftrag gegeben und 705 fertig gestellt. Die Moschee mit der vergoldeten Kuppel erhebt sich auf dem Berg Moriah, wo der Überlieferung nach Abraham seinen Sohn Isaak opfern wollte; an der gleichen Stelle trat Mohammed angeblich seine Himmelsreise an.

Karl der Große kämpfte 778 in Spanien gegen muslimische Invasoren. Auf dieser französischen Miniatur sind seine islamischen Gegner als Furcht erregende Teufel dargestellt. Christen bezeichneten Muslime meist als „Ungläubige".

Die Anhänger Mohammeds errichten eine frühe Moschee. Die erste Moschee, die 622 in Medina entstand, war ein schlichter rechteckiger Bau nach dem Vorbild von Mohammeds Wohnhaus. Spätere Moscheen weisen oft einen Innenhof auf und sind von Arkaden gesäumt. Als besondere Heiligtümer gelten die Moscheen von Mekka, Medina und Jerusalem.

Muslimische Astronomen entwickelten das Astrolabium (rechts), damit sich Karawanenführer bei ihrem Weg durch die Wüste besser nach den Sternen richten konnten.

Die Araber entwickelten mächtige Schiffe mit an Scharnieren befestigten Rudern und Segeln, die eher parallel als quer zum Schiffsrumpf verliefen. Diese Erfindung ließ die Schiffe, auch „Dhaus" genannt, selbst bei ungünstigen Windbedingungen um einiges schneller werden.

Entdeckungen
Der arabische Geograf al-Idrisi wurde um 1100 im nordafrikanischen Ceuta geboren. Er bereiste ganz Europa und Kleinasien, ehe ihn Roger II. von Sizilien an seinen Hof holte und ihn damit beauftragte, ein Kartenwerk der Erde zu verfassen. Al-Idrisi befragte Forscher und Entdecker und schrieb genau nieder, was sie von ihren Reisen berichteten. 1154 zeichnete er diese Karte (oben) von der damals bekannten Welt – Nordafrika, Mittelmeerraum, Arabien, Persien und Zentralasien. Die für die damalige Zeit bemerkenswert genaue Karte zeigt sogar an, wo die Quelle des Nils liegen könnte.

Das Spiralminarett der um 850 entstandenen Großen Moschee von Samarra. Die Kalifen der Abbasiden-Dynastie verlegten damals ihre Residenz von Bagdad in diese Stadt, die sich im heutigen Irak befindet.

Aus der Welt des Islam stammen eine Reihe praktischer Erfindungen. Bei dieser Kerzenuhr aus dem 12. Jahrhundert kamen bei jeder vollen Stunde Figuren aus einer Tür.

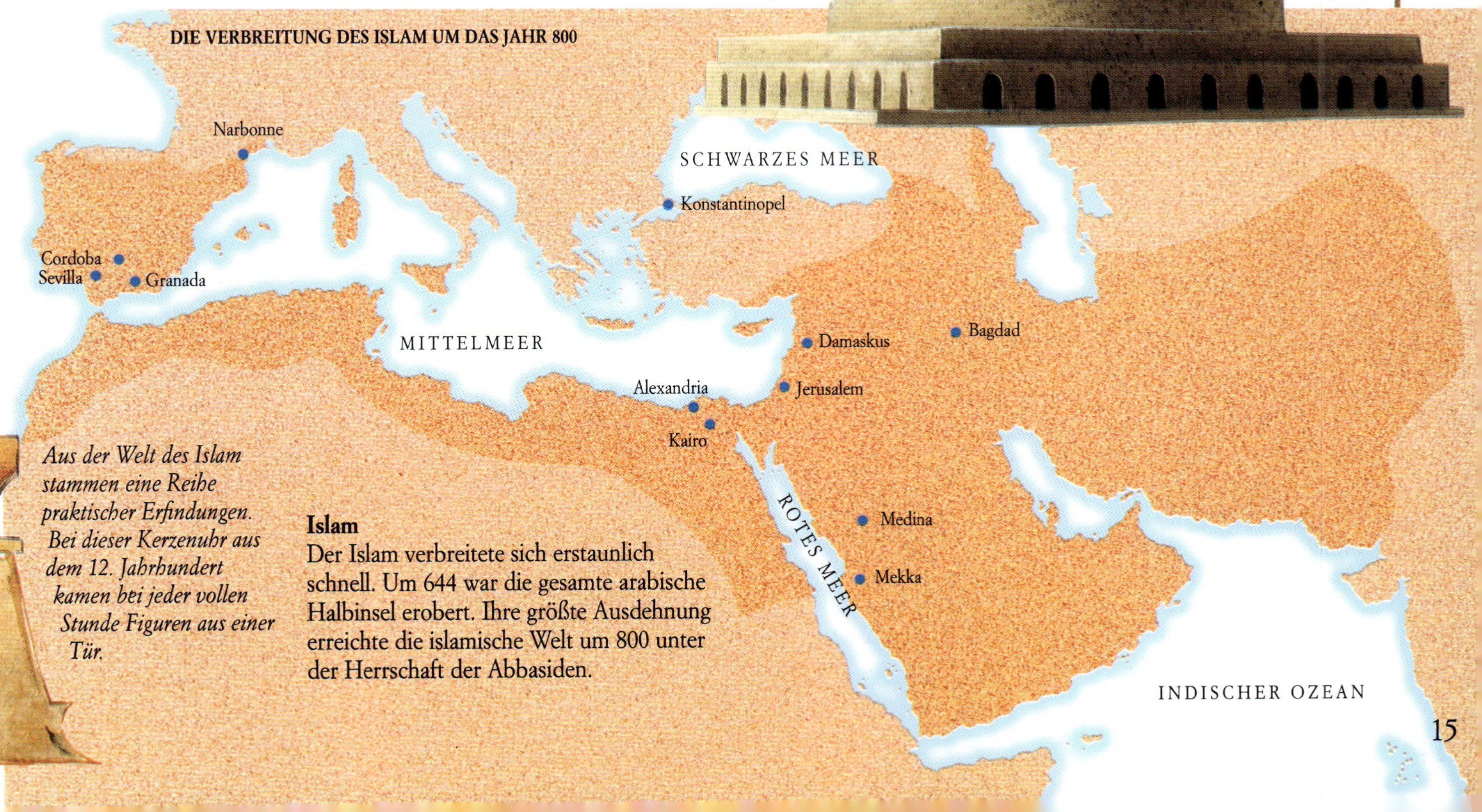

Islam
Der Islam verbreitete sich erstaunlich schnell. Um 644 war die gesamte arabische Halbinsel erobert. Ihre größte Ausdehnung erreichte die islamische Welt um 800 unter der Herrschaft der Abbasiden.

Das Byzantinische Reich

In der frühen byzantinischen Kunst waren Darstellungen von Jesus, der Jungfrau Maria und den Heiligen sehr verbreitet. Diese in weichen Speckstein gemeißelte Ikone mit dem heiligen Demetrios von Thessaloniki hat einen vergoldeten Silberrahmen, in den Bildnisse von Heiligen getrieben sind.

Im Jahr 330 verlegte Kaiser Konstantin der Große die Hauptstadt des Römischen Reiches nach Byzanz (heute Istanbul in der Türkei). Er gab der Stadt den Namen Neu-Rom, aber die meisten Menschen nannten sie zu Ehren des Kaisers Konstantinopel. 395 trennte sich das Römische Reich endgültig in West- und Ostrom und aus dem Oströmischen wurde das so genannte Byzantinische Reich. Die Bürger von Byzanz betrachteten sich weiter als Römer, sprachen aber mehr Griechisch als Latein. Sie pflegten römische Traditionen, während sie gleichzeitig Literatur und Philosophie der griechischen Antike förderten. Das Christentum, aus dem die heutigen Ostkirchen hervorgingen, erlebte eine Blütezeit. Byzanz musste sich ständiger Angriffe erwehren, zuerst von den Persern, dann den Arabern und schließlich den Bulgaren und Türken. Mit den Kriegen änderten sich im Lauf der Jahrhunderte ständig die Grenzen des Herrschaftsgebietes, aber im Allgemeinen regierten die byzantinischen Kaiser große Teile der Balkanhalbinsel und Kleinasiens. Die Eroberung Konstantinopels durch muslimische Türken besiegelte 1453 das Ende des Byzantinischen Reiches.

Dieses Mosaik aus einer byzantinischen Kirche des 6. Jahrhunderts in Jordanien zeigt einen Plan von Jerusalem. Das Heilige Land gehörte im 7. Jahrhundert zum Reich und wurde später von Arabern erobert.

In Thessalien, Griechenland, gründeten byzantinische Mönche Klöster, die sie hoch oben auf natürlichen Sandsteinfelsen errichteten. Fern aller weltlichen Dinge konnten sie sich hier ganz dem religiösem Leben widmen.

Typisch für die byzantinische Architektur waren Fünfkuppelkirchen wie diese kleine byzantinische Kirche aus dem 10. Jahrhundert im süditalienischen Kalabrien. Kalabrien und Sizilien kamen im 6. Jahrhundert zum Byzantinischen Reich.

Diese byzantinische Goldmünze zeigt das Porträt von Kaiser Justinian I.

Kaiser Justinian I. (482-565) mit einem Höfling (links) und seine Frau Theodora (500-548) mit einer Hofdame. Beide sind auf vielen schönen byzantinischen Mosaiken in der Kirche San Vitale in Ravenna, Italien zu sehen.

Wände, Fußböden und Kuppeln der großen byzantinischen Kirchen wurden mit prächtigen Mosaiken ausgeschmückt. Diese wurden von erfahrenen Mosaizisten ausgeführt, Handwerkern, die sorgfältig Tausende kleiner Marmorsteine und Glasteilchen in Zement einsetzen.

Justinian

Unter Kaiser Justinian I., der von 527 bis 565 regierte, erlebte das Byzantinische Reich eine Blütezeit. Justinian ging als großer Gesetzgeber, Erbauer und Eroberer in die Geschichte ein. Er ließ Rechtsgelehrte eine Gesetzessammlung ausarbeiten, die als Codex Justinianus bekannt ist. Unter seiner Führung gelang es, Italien, einen Teil Spaniens und viele Gebiete Nordafrikas für das Reich zurückzuerobern. Justinian stand sehr unter dem Einfluss seiner Frau und Mitregentin Theodora, die unter anderem Heime für mittellose Mädchen einrichten ließ.

Ein amtlicher Stempel bürgte für die Reinheit und das richtige Gewicht von byzantinischen Broten.

Ein byzantinischer Bauer (links) schöpft Olivenöl aus einem Tontopf, während ein Bienenzüchter Honig erntet. Das spätere Byzanz führte eine Art Feudalsystem ein.

Nachts lockten Fischer die Beute mit künstlichem Licht in ihre Netze. Diese Methode ist rund um das Ägäische Meer noch immer gang und gäbe.

Basileios der Makedonier

Basileios wurde um 830 als Sohn armer Bauern in Thrakien geboren. Es gelang ihm, sich in imperialen Kreisen Konstantinopels emporzuarbeiten, bis er schließlich Kaiser Michaels III. wichtigster Beamter und von ihm 866 zum Mitherrscher ernannt wurde. Als Michael ihm ein Jahr darauf seine Gunst entzog, ließ Basileios ihn ermorden. Als Alleinherrscher gründete Basileios (unten) die Makedonische Dynastie. Er führte das Reich durch Eroberungen in Kleinasien und Süditalien zu einer neuen Blüte und ließ das Römische Recht Justinians überarbeiten. Basileios kam im Jahr 866 bei der Jagd ums Leben.

Byzanz verfügte über eine straff organisierte Kriegs- und Handelsflotte. Eine Galeere war bis zu 50 Meter lang.

Schnelle Kriegsflotte

Byzantinische Kriegsgaleeren waren leicht und schnell. Die meisten hatten drei Masten und zwei Ruderbänke auf jeder Seite, die bis zu 100 Mann Platz boten. Ein Rammsporn am Bug diente dazu, feindliche Schiffe zu versenken. Aus Schläuchen an Deck beschossen die Byzantiner ihre Feinde mit einem entzündlichen Gemisch, das als „Griechisches Feuer" bekannt war. Sie waren sehr darauf bedacht, dass Bestandteile und Mischungsverhältnisse des Brandgeschosses geheim blieben.

Eine byzantinische Münze aus dem 7. Jahrhundert mit dem Porträt des Kaisers Herakleios, der während seiner Herrschaft (610-641) die kaiserlichen Heere verstärkte.

Der Kopf Konstantins des Großen ist der Rest einer kolossalen Statue.

Auf dem geschnitzten Elfenbeinpaneel ist Kaiserin Irene (um 752-803) abgebildet, die zuerst gemeinsam mit ihrem Sohn Konstantin VI. regierte, ihn dann aber in den Kerker werfen ließ und die Herrschaft übernahm.

Dieser bulgarische Reiter ziert mit anderen Ornamenten eine goldene Vase. Die Bulgaren stellten eine Bedrohung für Byzanz dar, obwohl ihr König Boris I. 870 zum orthodoxen Christentum übertrat. Die Bulgaren belagerten Konstantinopel in den Jahren 813 und 913.

Hagia Sophia

Kaiser Justinian I. ließ die Kirche der Heiligen Weisheit in Konstantinopel erbauen. Sie wurde 537 fertig gestellt und bildete mehr als 900 Jahre lang den Mittelpunkt der östlichen christlichen Welt. Der letzte christliche Gottesdienst wurde 1453 abgehalten. Im 16. Jahrhundert wurde die Hagia Sophia in eine Moschee umgewandelt. Im Istanbul von heute dient sie als Museum.

Über 10 000 Bauarbeiter, Zimmerleute, Künstler und Bildhauer stellten in gut fünf Jahren die einzigartige Hagia Sophia fertig.

Diese Miniatur zeigt Konstantinopel hinter wehrhaften Stadtmauern. Zur Zeit Justinians I. hatte die Stadt Schätzungen zufolge mehr als 500 000 Einwohner. Mindestens die Hälfte der Bevölkerung fiel 542 einer Seuche zum Opfer.

Dieses Christusbild wurde von byzantinischen Bilderstürmern beschädigt, die die Verehrung von Heiligenbildern bekämpften. Zwischen 730 und 843 waren solche Bilder über lange Zeit verboten. Die meisten wurden zerstört.

Karl der Große und die Frankenreiche

Karl der Große war der berühmteste Herrscher der Karolinger, jenem Geschlecht fränkischer Könige, die ab der Mitte des 8. Jahrhunderts bis zum Jahr 987 einen großen Teil Europas regierten. Als Karl der Große 768 an die Macht gelangte, begann er eine Reihe von Feldzügen zu führen, die das Ziel verfolgten, einen Großteil Westeuropas zu erobern. Er besiegte die heidnischen Sachsen im Norden und die Lombarden im Süden. Seine Erfolge bedeuteten eine Verdoppelung des karolingischen Herrschaftsgebietes. Das so ausgedehnte karolingische Imperium vereinigte zum ersten Mal seit dem Ende des Römischen Reiches viele Länder Europas.

Karl Martell (688-741), der Großvater Karls des Großen, regierte in Nordgallien und half dabei, Deutschland zum Christentum zu konvertieren, indem er die missionarische Tätigkeit des Heiligen Bonifatius unterstützte. Karls Sohn, Pippin der Kurze, war der erste König der karolingischen Dynastie.

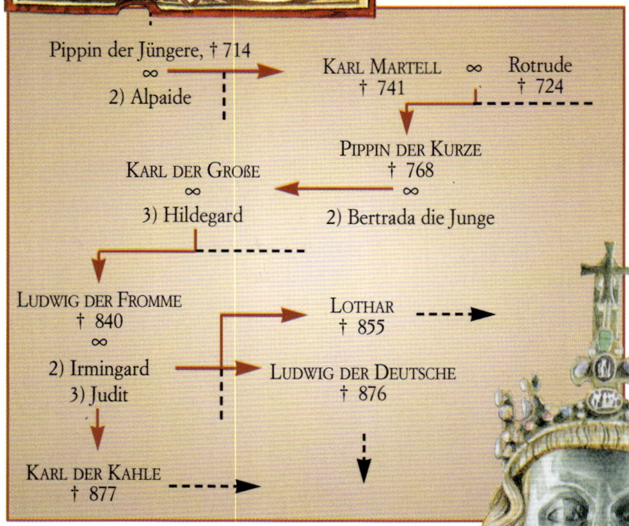

Die Dynastie der Karolinger war nach den Merowingern das zweite regierende fränkische Geschlecht. Es würde begründet, als Pippin der Kurze den letzten merowingischen König im Jahr 751 absetzte. Nach dem Tod von Karls Sohn, Ludwig dem Frommen, wurde das karolingische Imperium in drei Königreiche aufgeteilt.

Karl der Große

Um das Jahr 742 gebar Bertha, die Frau Pippins des Kurzen, höchstwahrscheinlich in Aachen, einen Sohn. Der Junge wurde Karl genannt, und er sollte zu einem der bedeutendsten Herrscher des Mittelalters werden. Im Jahr 768 erbte Karl die Hälfte des fränkischen Königreiches von seinem Vater. Als sein jüngerer Bruder drei Jahre später starb, nahm Karl auch die andere Hälfte und wurde König der Franken. Karl der Große, wie der Herrscher bereits zu seinen Lebzeiten genannt wurde, wurde im Jahr 800 römischer Kaiser. Als Karl der Große 814 starb, folgte ihm sein Sohn, Ludwig der Fromme, der allerdings ein schwacher Herrscher wurde.

Der englische Theologe Alcuinus (732-804), hier zu sehen mit einem Mönch und einem seiner Schüler, traf Karl den Großen im Jahr 781. Er wurde von diesem mit der Leitung seiner Hofschule in Aachen betraut und avancierte darüber hinaus zum engen Berater des Herrschers.

Die Schule in Aachen

Karl der Große hielt viel auf Erziehung und Bildung, und die Gelehrten, die an seiner Schule in Aachen wirkten, kopierten antike römische Manuskripte. Sie entwickelten auch einen neuen Schreibstil, der die „karolingische Minuskel" genannt wurde. Diese wurde später zum Vorbild für die Schrifttype, die beim Druck verwendet wird.

Die Sachsen

Karl der Große führte seinen längsten Feldzug gegen die Sachsen, die aus dem nördlichen Teil Deutschlands kamen. Nach vielen Jahren des Krieges konnte er sie schließlich besiegen und zwang sie im Jahr 804, zum Christentum zu konvertieren. In 32 Jahren zog Karl der Große achtzehn Mal gegen die Sachsen zu Felde.

Dieser Reiter und sein Pferd bildeten ein dekoratives Emblem auf einem lombardischen Schild.

Der Reiter hält seine Lanze zum Angriff bereit gesenkt.

Die Lombarden

Karl der Große kämpfte gegen die Lombarden und besiegte diese während eines lange andauernden Feldzuges in Norditalien während der Jahre 773-74. Die Lombarden waren zu Feinden des Papstes geworden, der daraufhin die Karolinger um Hilfe bat. Als Karl der Große König der Langobarden wurde, festigten sich seine Freundschaft und sein Bündnis mit dem Papst.

Karl der Große vereinheitlichte mit einer Silbermünze, die Denar genannt wurde, für einen Großteil Europas die Währung. Dieser (links) wurde um 804 in Frankfurt geprägt. Nach dem Mittelalter spalteten sich die europäischen Währungen erneut auf, bis sie bei der Währungsunion am Ende des 20. Jahrhunderts mit dem Euro (rechts) ein weiteres Mal in der Geschichte vereinheitlicht wurden.

Das Torhäuschen der Klosteranlage von Lorsch, einer Ortschaft in der Nähe von Worms in Deutschland. Das Kloster wurde im 8. Jahrhundert gegründet und sein Eingang nach dem Vorbild antiker Triumphbögen gestaltet. Karolingische Architekten versuchten, frühchristliche Gebäude zu kopieren, aber zur gleichen Zeit behielten ihre Arbeiten einen deutschen Zug.

Römische Kaiser
Im Jahr 800 reiste Karl der Große nach Rom. Dort wurde ihm am Weihnachtstag von Papst Leo III. eine mit Edelsteinen besetzte Krone auf das Haupt gesetzt und er zum Römischen Kaiser erklärt. Bisweilen nennen Historiker das Reich Karls des Großen das westliche Römische Reich, um es somit vom Byzantinischen Reich in Osteuropa abzugrenzen, das seinen eigenen Herrscher in Konstantinopel hatte. Später erhielt das westliche Reich Karls des Großen den Titel Heiliges Römisches Reich, womit die engen Verbindungen zum Macht- und Einflussbereich des Papstes wie der christlichen Religion unterstrichen wurden. Nach seiner Krönung im Jahr 800 verblieb Karl der Große für vier Monate in Rom und erklärte alle Feinde des Papstes zu Aufständischen.

Diese Bronzestatue Karls des Großen befindet sich heute im Louvre, dem berühmten Museum in Paris.

Die kaiserliche Krone, das Zepter, das Schwert, der Ring wie der Reichsapfel demonstrierten die Machtfülle des Heiligen Römischen Reiches. Diese mit Edelsteinen besetzte eiserne Krone wurde vom Kaiser vom 11. Jahrhundert an getragen, 100 Jahre später wurde ihr der Reichsapfel hinzugefügt. Das darauf befindliche Kreuz weist auf die Verbindung zur christlichen Kirche.

Dieses fränkische Schwert mit Scheide wurde in einem königlichen Grab in Frankreich entdeckt. Das Schwert war ein höchst wichtiges Symbol von Macht und königlicher Herkunft.

Karl der Große konnte Latein lesen und sprechen, aber er lernte nie, es auch zu schreiben. Aus diesem Grund unterschrieb er stets statt mit seinem vollständigen Namen mit einem Kreuz aus den Buchstaben „KRLS", das zu seinem Monogramm wurde.

Zwischen 790 und 805 ließ Karl der Große in Aachen, der Hauptstadt seines Königreichs, einen Komplex von Gebäuden errichten, die gleichermaßen als königlicher Hof wie als Nationalkirche dienen sollten. Eines dieser Gebäude war die Pfalzkapelle, die noch heute als wichtigstes Bauwerk karolingischer Architektur bewundert werden kann. Als Vorbild für die Pfalzkapelle diente eine Kirche in der italienischen Stadt Ravenna. Mit ihren beinahe 31 Metern galt sie viele Jahrhunderte hindurch als das höchste Steingebäude Deutschlands.

Die Edeldame Dhuoda war mit Bernard, dem Grafen von Barcelona verheiratet, der der Sohn eines Vetters Karls des Großen war. Dhuoda hatte zwei Söhne, die ihr jedoch von ihrem Ehemann weggenommen wurden. Um das Jahr 830 schrieb sie ein berühmt gewordenes Buch, in dem sie ihrem ältesten Sohn Ratschläge erteilte, wie er – indem er die Autoritäten respektierte, Gott ehrte und las –, ein gutes Leben führte.

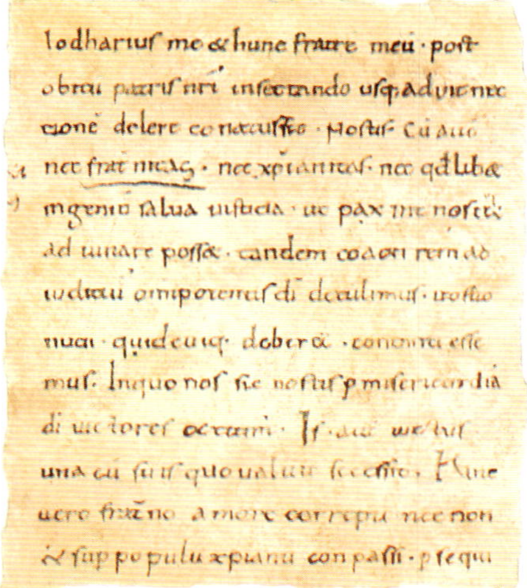
lodharius me et hunc fratre meu. post
obitu patris nri insectando usq. ad internec
tione delere conatus sit. nostis. Cu aut
nec frat nitas. nec xpianitas. nec qdlibet
ingenio salua iustitia. ut pax inter nos ess
ad iuuare posset. tandem coacti rem ad
iudiciu omipotentis di detulimus. ut suo
nutu quid cuiq. deberet. contenti esse
mus. In quo nos sic ut nostis p misericordia
di uictores extitim. Is aut uictus
una cu suis quo ualuit secessit. Hinc
uero fraterno amore correpti nec non
et sup populu xpianu conpassi. p sequi

Dieses Schriftstück, das Straßburger Eid genannt wird und aus dem Jahr 842 stammt, trägt den Wortlaut jener Eide, die von zwei der Enkel Karls des Großen, Karl dem Kahlen und Ludwig dem Deutschen, geleistet wurden. Man nimmt an, dass dies das erste geschriebene Dokument in französischer Sprache ist.

DIE PFALZKAPELLE IN AACHEN

Eine illuminierte Seite eines goldenen Evangeliums, das in der Schule Karls des Großen in Aachen geschrieben und illustriert wurde. Zumeist wurden sie in Gold auf violett eingefärbtem Pergament geschrieben. Die Illustration zeigt den Evangelisten Lukas.

Die Franken hatten besonderes militärisches Gerät in Gebrauch – hölzerne gepanzerte Karren. Diese müssen in den vielen Gefechten, die sie führten, sehr nutzbringend gewesen sein.

Im Sommer des Jahres 778 kehrten die Streitkräfte Karls des Großen von einem missglückten Feldzug in Spanien zurück. Im Gebirgszug der Pyrenäen wurde die Armee der Franken von den Basken angegriffen. Ein Offizier mit Namen Graf Hruodland wurde dabei im Gefecht getötet.

Das karolingische Reich
Um das Jahr 800 regierte Karl der Große über den größten Teil Westeuropas. Sein Königreich bedeckte größtenteils jene Gebiete, die heute die Länder Frankreich, Belgien, die Niederlande, die Schweiz, Österreich, Deutschland, die Tschechische Republik, Slowenien, Norditalien und ein Teil Spaniens sind. Karl der Große teilte sein Königreich in Bezirke ein, die in seinem Namen von je einem Grafen regiert wurden. Die so genannten Königsboten bereisten als Botschafter das Reich, um sicherzustellen, dass den Anweisungen des Herrschers Folge geleistet wurde. Bischöfe wurden mit kirchlichen Angelegenheiten betraut. Ein umfassendes Gesetzesystem kam innerhalb des ganzen Reichs zur Anwendung, und obgleich viele der Gesetze sehr streng waren, wurden die meisten doch als gerecht empfunden. Karl der Große unterstützte die Landwirtschaft und den Handel und förderte Religion und Bildung seines Volkes.

Das Rolandslied
Mehr als 300 Jahre nach der Schlacht mit den Basken in den Pyrenäen wurde aus dem Grafen Hruodland die berühmte Gestalt des Roland, der Held in Frankreichs bedeutendstem epischen Gedicht. Das Rolandslied wurde von einem unbekannten französischen Autor verfasst. In dem Epos wird der mutige Roland von einem Verräter verraten. Der Offizier war Karl dem Großen sehr ergeben, starb allerdings in einer Schlacht gegen die Muslime.

Das Leben auf dem Land

Im Mittelalter lebten die meisten Menschen Europas in Dörfern und bestellten das Land. Jedes Dorf stand unter der Aufsicht eines Grundherren, dem das ganze Land gehörte und der darauf in einem Herrenhaus lebte. Die Bauern waren unfrei, so genannte Leibeigene, und unterstanden den Anordnungen ihres Grundherrn. Dieser erlaubte seinen Untergebenen, ein schmales Stück Land auf seinen Feldern zu bestellen, damit sie sich selbst ernähren konnten. Zusätzlich mussten die Bauern auch Abgaben leisten in Form der Dinge, die sie anbauten. Daneben hatten sie den so genannten Zehnten, das heißt, ein Zehntel ihrer Erträge, an die Kirche zu entrichten. Dies bedeutete, dass das Leben ein harter, täglicher Kampf ums Überleben war, und eine Bauernfamilie arbeitete den ganzen Tag bis zum Einbruch der Dunkelheit, um genug anzubauen und ausreichend zu essen zu haben. Die Bauern lebten in kleinen, einfachen Häusern, die aus Lehm und Torf gemacht waren und ein hölzernes Gebälk und ein strohgedecktes Dach hatten. Waren die Zeiten schlecht und gab es Missernten, litten die Bauern Hunger, und viele wurden krank und starben.

Viele Bauern hielten Schweine, denn diese lieferten viel Fleisch. Im Herbst erlaubte der Besitzer des Landes seinen Bauern, die Tiere in seine Wälder zu lassen, wo sie Nüsse, Wurzeln und Eicheln fressen konnten.

Alle Arbeiten auf dem Feld wurden ausschließlich mit der Hand verrichtet. Dabei wurden zum Schneiden und Ernten einfache Werkzeuge wie diese verwendet. Anders als heute gab es keine Maschinen und die Arbeit bedeutete eine gewaltige körperliche Anstrengung.

Gewöhnliche Bauern besaßen keinen Pflug, der nötig war, um Furchen in die Erde zu ziehen und den Boden zu wenden, bevor man mit der Aussaat begann. Die Pflüge gehörten normalerweise dem Grundherrn oder waren gemeinschaftlicher Besitz des ganzen Dorfes. Während der Arbeiten auf dem Feld wurden die Arbeiter von einem Aufseher des Grundherrn überwacht.

Erntezeit

Die meiste Zeit des Jahres verbrachten die Bauern mit der Bestellung ihres eigenen kleinen Streifen Landes. Aber wenn mit dem Herbst die Zeit der Ernte gekommen war, halfen alle Dorfbewohner zusammen, um der vielen Arbeit, die in nur kurzer Zeit erledigt werden musste, nachzukommen. Dies konnte auch zu anderen Zeiten geschehen, wenn es den Bauern gelang, mehr als eine Saat pro Jahr zu pflanzen. Frauen und Kinder halfen dann mit, den Weizen und anderes Getreide mit Sicheln zu schneiden und zu Bündeln zusammenzuschnüren. Danach luden sie die Bündel auf Karren und brachten sie in die Scheune. Dort musste das Getreide gedroschen werden, um das Korn von Spreu und Stroh zu trennen. Dies tat man, indem man es mit einer Stange schlug. Das übrig gebliebene Stroh wurde verwendet, um Dächer zu decken oder Matratzen zu stopfen.

Wolle war ein äußerst wertvolles Handelsprodukt im Mittelalter, deshalb wurde das Scheren der Schafe als eine wichtige Aufgabe angesehen. Die Bäuerinnen verwendeten Hand-Spindeln, mit der sie die Wolle zu einem groben Faden spannen. Manch unverheiratete Frau verdiente auf diese Weise ihren Lebensunterhalt.

Dreifelderwirtschaft

Die Anbaugebiete rund um die mittelalterlichen Dörfer waren in drei große Felder aufgeteilt. Der Grundherr erlaubte den Bauern, Streifen auf jedem der Felder zu bestellen, sodass guter wie schlechter Boden auf gerechte Weise zwischen ihnen aufgeteilt wurde. Um das meiste aus dem Boden herauszuholen, bestellten die Bauern die drei Felder sehr geschickt. Jedes Jahr wurde auf einem Feld der Weizen ausgesät, das zweite mit Gerste bepflanzt, manchmal auch mit Roggen und Hafer, während das dritte Feld gepflügt, aber nicht bepflanzt wurde. Durch diese Methode lag jedes Feld im Lauf von drei Jahren einmal brach und der Boden konnte sich in dieser Zeit erholen. Dadurch war das Brachland im darauf folgenden Jahr fruchtbarer. Auch der Wechsel des Saatguts trug dazu bei, dass bessere Erträge erzielt wurden.

Wenn die Zeit der Ernte gekommen war, halfen auch Frauen und Kinder den Männern bei der Feldarbeit.

Der Wollfaden wurde zu Stoff gewebt, um daraus Kleidung herzustellen. Das Weben wurde an solchen Handwebstühlen verrichtet, wie dieses Modell (rechts) aus dem 15. Jahrhundert. Zu jener Zeit hatten viele Weber bereits eigene Geschäfte in den Städten eröffnet.

Den Honig, den die Bienen produzierten, verwendete man, um Speisen zu süßen.

Milch von Kühen, Schafen und Ziegen wurde zur Herstellung von Käse verwendet, der im Volksmund als „weißes Fleisch" bezeichnet wurde. Die Bauern stellten ihren eigenen Käse her und in den wachsenden Städten eröffneten spezielle Käse- und Milchgeschäfte.

Ein Kessel zum Kochen
Die Leute auf dem Land kochten die meisten ihrer Nahrungsmittel. Verschiedene Dinge wurden gemeinsam in einen großen eisernen Kessel gegeben, der mit Wasser gefüllt und über einem offenen Feuer aufgehängt war. Fleisch wie Schinken oder Speck kam an die unterste Stelle des Kessels. Eier, Geflügel und Fisch wurden in Töpfen aus Ton gesiedet, Nachspeisen in einem Beutel. Der Kessel wurde an einem Haken an einem Zahnkranz aufgehängt, sodass er über dem Feuer heraufgehoben und heruntergelassen werden konnte.

Armes Landvolk bettelt um etwas Nahrung auf diesem Gemälde des italienischen Künstlers Andrea Orcagna (1308-1368). Das Leben auf dem Land war für die Menschen immer hart, doch wenn es eine Missernte gab, konnte dies besonders verheerende Wirkungen haben.

Hier werden Trauben gelesen, aus denen später Wein gepresst wird. Solche Basreliefs, die man oft an Kirchen findet, stellen Szenen aus dem ländlichen Leben dar.

Links: Diese Seite aus dem so genannten „Sachsenspiegel", dem ältesten Rechtsbuch des deutschen Mittelalters, das zwischen 1220 und 1235 verfasst wurde, verzeichnet die Pflichten der Leibeigenen und führt einige der Dinge auf, die diese an den Grundherrn zu entrichten hatten, beispielsweise den Zehnt in Form von Gänsen.

Viele Bauern hatten ein kleines Gemüsebeet und einen Garten in der Nähe ihres Hauses. Dort pflanzten sie verschiedene Arten von Kohl, Erbsen oder auch Kräuter an.

Eine Bauernfamilie vor ihrem einfachen Haus. Die Leute auf dem Dorf stellten beinahe alles für ihren Bedarf selbst her. Die Frau ist mit der Herstellung von Butter beschäftigt, was eine lange, ermüdende Arbeit war. Auch die Kinder hatten viele Aufgaben und mussten zum Beispiel die Tiere beaufsichtigen.

Die Invasionen des 9. und 10. Jahrhunderts

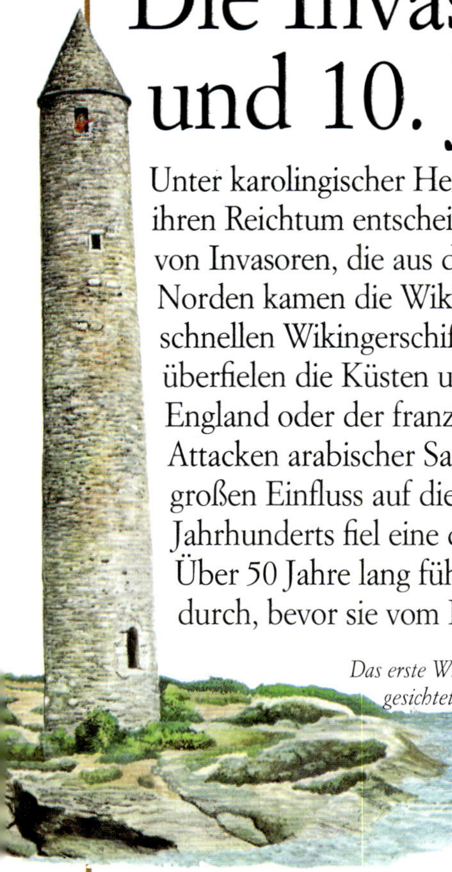

Unter karolingischer Herrschaft konnten Geistliche und Adelige in ganz Europa ihren Reichtum entscheidend vermehren. Dieser Wohlstand ermutigte eine Reihe von Invasoren, die aus drei verschiedenen Richtungen kamen, zum Angriff. Aus dem Norden kamen die Wikinger. Gegen Ende des 8. Jahrhunderts segelten sie in ihren schnellen Wikingerschiffen aus Dänemark, Norwegen und Schweden herbei, überfielen die Küsten und ließen sich an Orten wie Dublin in Irland, York in England oder der französischen Normandie nieder. Zur gleichen Zeit begannen die Attacken arabischer Sarazenen aus dem Süden, die fortan etwa 200 Jahre lang großen Einfluss auf die Länder Südeuropas ausüben sollten. Ab dem Ende des 9. Jahrhunderts fiel eine dritte Gruppe, die Magyaren, vom Osten her ein. Über 50 Jahre lang führten sie erfolgreich Beutezüge in Mitteleuropa durch, bevor sie vom Heiligen Römischen Reich besiegt wurden.

Das erste Wikingerschiff vor der Küste Irlands wurde im Jahr 795 gesichtet. Im Jahr 838 nahmen Wikinger die Häfen von Dublin und Annagessa ein und befestigten diese. Im 10. Jahrhundert errichteten die Iren eine Reihe von hohen Kirchtürmen, die gleichzeitig als Aussichtsposten dienten. Dieser Turm befindet sich nahe einer Abtei auf der in einem See gelegenen Insel Devenish Island in Nordirland.

Eine solche bronzene Wetterfahne an der Spitze des Mastes zeigte dem Steuermann des Wikingerschiffs die jeweilige Windrichtung an.

Die Wikingerschiffe waren solide, gleichzeitig aber wendig genug, um über die Meere zu segeln. Sie hatten bis zu 30 Ruder auf jeder Seite, welche in der Nähe der Küste in Gebrauch waren, wenn zusätzliche Geschwindigkeit verlangt wurde oder es nur wenig Wind gab. Auf offener See war normalerweise das einzige Segel in Gebrauch. Dieses Wikingerschiff wurde in einem Grabhügel gefunden. Es hat eine Länge von beinahe 20 Metern.

Handelswege der Wikinger

In der Regel befuhren die Wikinger die Flüsse, um sich auf dem Festland fortzubewegen. Ihre Schiffe eigneten sich zum Segeln in flachem Wasser und waren so leicht, dass sie notfalls auch getragen werden konnten.

Diese Illustration aus dem 11. Jahrhundert zeigt dänische Wikinger, die im Jahr 866 England heimsuchten. Die Wikinger plünderten in kleinen Banden von zwei oder drei Schiffen, indem sie an einem verlassenen Küstenstreifen landeten und von dort aus in hoher Geschwindigkeit in das Land vordrangen.

Island

Norwegische Wikinger erreichten erstmals um 870 Island. Damals lebten dort höchstwahrscheinlich irische Mönche, die jedoch bald von den Wikingern vertrieben oder getötet wurden. Auf Island lebten die Neuankömmlinge in vereinzelt gelegenen Höfen nahe der Küste, richtige Städte oder Dörfer gab es zu jener Zeit nicht. Die Insel wurde von Stammesoberen regiert, die sich regelmäßig trafen, um Gesetze zu verfassen.

Der Wikingerkrieger trug einen eng anliegenden eisernen Helm, der großen Schutz bot.

Das so genannte „Alfred-Juwel" (unten) war ursprünglich der Griff eines Zeigestocks der zum Lesen verwendet wurde. Alfred der Große (849-99) war König von Wessex in England. Er war der Ansicht, dass Bildung und Erziehung ein ebenso wichtiger Schutz gegen die Invasoren sein konnten wie physische, das heißt kriegerische Verteidigungsmaßnahmen.

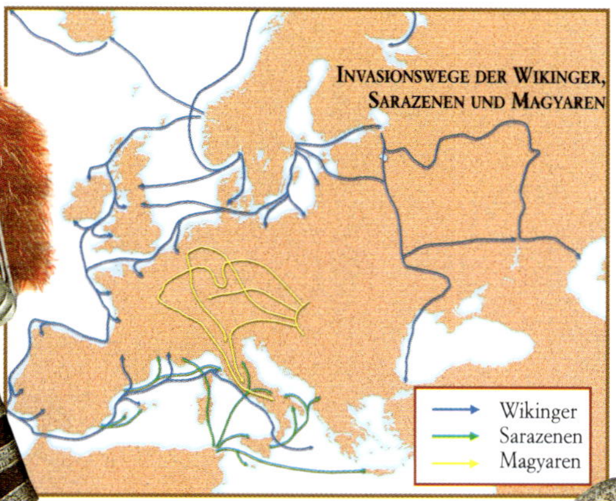

Auf Sizilien werden noch heute die heldenhaften Taten mittelalterlicher Ritter als Puppentheater nachgespielt. Eine der beliebtesten Figuren ist Roland (siehe auch S. 19), dessen mutige Taten in einem Heldengedicht überliefert sind.

Sarazenen aus Nordafrika griffen im Jahr 827 erstmals Sizilien an, das sich zu jener Zeit unter byzantinischer Herrschaft befand. Die Sarazenen besetzten es etwa 200 Jahre lang.

Die Sarazenen

Die Sarazenen waren muslimische Araber, die ursprünglich von der arabischen Halbinsel stammten und ab dem 7. Jahrhundert im Zuge der Verbreitung der islamischen Religion nach Nordafrika und Spanien gelangten. Im 9. Jahrhundert nahmen sie Sizilien ein und fuhren damit fort, in Süditalien, Sardinien, Korsika und im südlichen Gallien Stützpunkte zu errichten.

Stephan I. (975-1038) war der Sohn des Magyarenfürsten Géza. Nachdem er eine christliche Erziehung genossen hatte, schlug Stephan im Jahr 998 einen heidnischen Aufstand nieder. Zwei Jahre später wurde er zum ersten König der Ungarn gekrönt. Im Jahr 1083 wurde er heilig gesprochen und noch heute wird er in Ungarn als Nationalheld verehrt.

Die Magyaren

Die Magyaren waren nomadisch lebende Reiterstämme aus dem Osten, die im 9. Jahrhundert in das Gebiet des heutigen Ungarn vorrückten. Von dort aus fielen sie in Norditalien, Deutschland und Zentralfrankreich ein. Dank ihrer außergewöhnlichen Fähigkeiten als Reiter waren sie ungewöhnlich schnell und sehr schwer aufzuhalten, schließlich jedoch konnten sie im Jahr 955 vom Kaiser des Heiligen Römischen Reichs gestoppt werden. Die Anführer der Magyaren wurden dabei getötet und die Überlebenden gezwungen, zum Christentum zu konvertieren und sich somit Westrom – gegenüber der Ostkirche von Byzanz – anzuschließen. Um das Jahr 1000 hatte der erste König der Ungarn aus der Heimat der Magyaren ein christliches Land gemacht.

Arabische Einflüsse

Sizilien empfing von muslimischer Kunst, Literatur und Wissenschaft sehr viele Einflüsse. Dieser Kasten (oben) trägt Verzierungen in arabischem Stil, und diese mittelalterliche Kirche in Palermo (unten links) weist ebenfalls einen starken arabischen Einfluss auf. Die Sarazenen führten ihre Bewässerungsmethoden auf der Insel ein und begannen damit, Orangen, Zitronen und Baumwolle anzupflanzen. Später wurde Sizilien von den Normannen angegriffen und eingenommen.

Stephan I. wurde am Weihnachtstag des Jahres 1000 mit der Zustimmung von Papst Silvester II. gekrönt. Man vermutet, dass der Papst selbst die Krone sandte, die später zum ungarischen Staatssymbol wurde. Die Krone (rechts) wurde im 11. Jahrhundert als juwelenbesetzter Reif gefertigt, an welchen im 12. Jahrhundert runde und dreieckige Plättchen aus emailliertem Gold angehängt wurden.

Die Magyaren erlitten ihre endgültige Niederlage in der Schlacht auf dem Lechfeld bei Augsburg durch die Armee Ottos I. (912-73), der zu jener Zeit den Titel des Heiligen Römischen Herrschers trug. Man sagt, dass Otto in jenem Kampf die Heilige Lanze (links) getragen hat, in der laut Überlieferung ein Stück Holz vom Kreuze Christi enthalten sein soll.

Küstensiedlungen

Die Wikinger siedelten sich in ihrer Heimat Skandinavien oder auch in eroberten Ländern stets entlang der Küsten an. Dort errichteten sie Holzhäuser mit torfbedeckten Dächern. In den ersten Städten gab es Märkte, auf denen die Menschen mit Pelzen, Stoffen und Eisen handelten. Eine der ersten Städte Skandinaviens, der Ort Hedeby in Dänemark, ging ursprünglich auf eine kleine Wikingeransiedlung aus dem 8. Jahrhundert zurück.

Europa im Jahr 1000

Im Jahr 1000 lebten an die 40 Millionen Menschen in Europa, heute zwölfmal so viel. Am Ende des ersten Jahrtausends begann die Bevölkerung recht rasch zu wachsen. In den meisten Ländern wurden erstmals Regierungen eingerichtet, und der Frieden nach langwierigen Kriegen führte zu Stabilität und Wachstum. Mehr Nahrungsmittel wurden benötigt, um eine wachsende Bevölkerung zu ernähren und neue Landstriche urbar gemacht, um darauf anbauen zu können. Zur selben Zeit verbesserten sich die landwirtschaftlichen Methoden in ganz Europa, wodurch die Märkte in den Städten und Dörfern zunehmend an Bedeutung gewannen. Auch die Menschen wurden mobiler, sie konnten von einer Stadt in die andere reisen und fühlten sich nicht länger in dem Maße an ihren Heimatort gebunden wie zuvor. Die Kaufleute legten lange Distanzen zurück, um Waren einzukaufen und diese wieder anzubieten. Viele Reisende waren christliche Pilger, die zu Wallfahrtsorten aufbrachen. Sie machten diese Pilgerreisen entweder um ihre Hingabe zu Gott zu beweisen, um für ihre Sünden Buße zu tun oder manchmal auch, um mit Gottes Hilfe von schwerer Krankheit geheilt zu werden. Die Jahrtausendwende war auch eine Zeit großer politischer Veränderungen. Wilhelm I., Herzog der Normandie, eroberte England im Jahr 1066 und führte das Feudalsystem auf der Insel ein.

Die Bauern mussten das Getreide zur Mühle des Gutsherrn bringen, wo es zu Mehl gemahlen wurde. Wasser war eine sehr wichtige Energiequelle im Mittelalter. Wassermühlen errichtete man entlang der Flüsse mit starker Strömung.

Dieses Mosaik (oben) aus dem Baptisterium Sankt Johannes in der italienischen Stadt Florenz veranschaulicht auf sehr bildhafte Weise, welche Vorstellungen die Menschen im Mittelalter mit der Hölle oder dem Teufel verbanden, von dem sie glaubten, gefangen und sogar gefressen zu werden. Das Baptisterium entstand um das Jahr 1000 als Taufkirche.

Wenn die Händler am Markttag in den Städten ihre Stände aufbauten, wurden alle erdenklichen Waren zum Kauf angeboten. Als der Handel zunahm, wurden die Märkte noch wichtiger und die Städte wuchsen.

Pilger auf ihrem Weg

Die meisten Wallfahrer begaben sich zu Fuß auf die mitunter beschwerliche Pilgerfahrt, während die wohlhabenderen Pilger zu Pferde reisten. Aus Gründen der Sicherheit waren die Wallfahrer meist in kleinen Gruppen unterwegs. Die drei wichtigsten Pilgerwege führten nach Santiago di Compostela in Spanien, nach Rom, wo man die Gräber der heiligen Peter und Paul vermutete, und übers Mittelmeer in das Heilige Land. Im Mittelalter war es der größte Wunsch jedes Christen, Jerusalem zu besuchen, aber nur die allerwenigsten konnten eine solche lange Reise auch tatsächlich verwirklichen. In England brachen viele Pilger zu der Kathedrale des Ortes Canterbury auf. Auf ihrem langen Weg erzählten sie sich oftmals Geschichten und sangen Lieder und Hymnen. Geoffrey Chaucers berühmtes Buch „Die Canterbury-Erzählungen" ist eine Sammlung von verschiedenen Geschichten, die sich Pilger auf ihrem Weg nach Canterbury erzählen.

Diese Reliquie aus der italienischen Stadt Assisi soll einen Dorn jener Dornenkrone enthalten, die Christus bei der Kreuzigung getragen hat. Assisi ist der Geburtsort des heiligen Franz von Assisi (1182-1226) und seit dem Mittelalter ein berühmter Wallfahrtsort.

Diese Karte zeigt die wichtigsten Pilgerwege durch Deutschland, Italien, Frankreich und Nordspanien bis nach Santiago de Compostela. Die französische Stadt Vézelay entstand rund um eine Benediktinerabtei, in der sich laut Überlieferung die Überreste der heiligen Maria Magdalena befinden.

Diese steinerne Statue stellt den heiligen Jakob dar, dessen Gebeine angeblich nach Santiago de Compostela in Spanien gebracht wurden. Die Stadt wurde zu einem der wichtigsten Wallfahrtsorte des Mittelalters.

Diese Illustration aus dem 14. Jahrhundert zeigt, wie ein Pilger auf der Straße Räubern zum Opfer fällt. Diejenigen, die es sich leisten konnten, reisten mit einer bewaffneten Eskorte, um solche gefährlichen Zwischenfälle zu vermeiden.

Der heilige Stanislaus

Dieser Behälter, der Reliquiar genannt wird, soll laut Überlieferung die Überreste des heiligen Stanislaus beinhalten, des Schutzheiligen Polens. Stanislaus (1030-79), Bischof der Stadt Krakau, wurde ermordet, nachdem er die Beziehungen mit dem polnischen König Boleslaw II., bekannt als der Großzügige, für beendet erklärt hatte. Stanislaus wurde im Jahr 1253 zum ersten Heiligen Polens erklärt.

„Der Verlorene Sohn", gemalt von dem niederländischen Künstler Hieronymus Bosch (1450-1516), basiert auf einer biblischen Geschichte. Der glücklose Sohn kehrt nach Jahren der Abwesenheit in das elterliche Haus zurück. Viele Reisende überwanden im Mittelalter weite Entfernungen und machten Rast in den Tavernen, die sich entlang ihres Weges befanden. Hausierer boten ihre Waren in den verschiedenen Städten und Dörfern feil.

Der Teppich von Bayeux

Der berühmte Teppich von Bayeux aus dem 11. Jahrhundert ist ein kostbarer, bestickter Leinenstreifen. Er ist 70 Meter lang und 50 Zentimeter breit. In 72 Szenen wird darauf die Eroberung Englands durch Wilhelm I. (1028-1087), Herzog der Normandie, dargestellt, der von da an den Namen Wilhelm der Eroberer erhielt. Die Geschichte beginnt mit König Haralds Besuch in der Normandie und endet mit der Darstellung der berühmten Schlacht bei Hastings. Lange glaubte man, dass der Teppich von Mathilde, der Ehefrau Wilhelm des Eroberers gefertigt wurde, heute geht man aber davon aus, dass er etwas später entstand. Der Teppich wurde möglicherweise von Wilhelms Halbbruder, dem Bischof der französischen Stadt Bayeux, in Auftrag gegeben, wo er heute noch zu sehen ist.

Der Teppich von Bayeux zeigt viele Szenen der Eroberung Englands durch die Normannen im Jahre 1066.

Rekonstruktion der Klosteranlage von Cluny

Das größte und wichtigste Gebäude eines Klosters war die Kirche. Dort trafen sich die Mönche zu verschiedenen Tageszeiten und auch in der Nacht zum Gebet.

Mittelalterliche Mönche konnten in ihrem Studierzimmer sitzen und lesen, oder aber im so genannten Kreuzgang wandeln, einem überdachten Gang, der in der Regel an einen Hof der Klosteranlage angrenzte.

Der heilige Bernhard von Clairvaux (1090-1153), der Sohn eines französischen Adeligen, gründete nicht nur den Zisterzienserorden, sondern setzte sich auch sehr für seine Verbreitung ein. Mit einer Predigt regte er den zweiten Kreuzzug an.

Während des Mittelalters war die Marienverehrung besonders ausgeprägt und nahm immer mehr zu. Viele Menschen waren der Ansicht, dass die Mutter Gottes ihnen dabei helfen könne, Gottes Gunst zu gewinnen. Die Darstellung der Madonna mit dem Jesuskind war daher ein beliebtes Sujet mittelalterlicher Künstler.

In diesem Rauchfass wurde Weihrauch verbrannt. Während der Messe schwang ein Priester das Rauchfass an einer goldenen Kette, um den intensiven Geruch des Weihrauches in der Kirche zu verbreiten. Während es für Mönche zum Tagesablauf gehörte, Gott mehrmals täglich zu preisen, glaubten andere Kirchgänger, dass sie von Gott für den regelmäßigen Besuch der Messe belohnt würden.

Im Jahr 1209 gründete Giovanni Bernadone (1181/82-1226), besser bekannt als Franz von Assisi (links), den nach ihm benannten Franziskanerorden. Sechs Jahre später half er der heiligen Klara von Assisi (rechts unten), ein entsprechendes Konvent für Nonnen aufzubauen. Beide gaben all ihre Besitztümer auf und reisten umher, um ihren Glauben zu verbreiten. Weil sie einmal aus der Ferne einer Messe zusah, wurde die heilige Klara im Jahr 1958 zur Schutzheiligen des Fernsehens erklärt.

Das religiöse Leben

Im 6. Jahrhundert erstellte ein italienischer Mönch mit dem Namen Benedikt eine Reihe von Regeln für diejenigen auf, die sich der Religion widmen und ein christliches Leben führen wollten. Diese so genannte „Benediktinerregel" verlangte drei Gelübde von den Mönchen – ihren gesamten weltlichen Besitz aufzugeben, ihrem Abt zu gehorchen und nicht zu heiraten. Diejenigen, die bereit waren, diesen Regeln zu folgen, schlossen sich dem Orden der Benediktiner an. Fortan lebten sie in ihren eigenen Gemeinschaften: die Männer als Mönche in Klöstern und die Frauen als Nonnen im Konvent. Der Tagesablauf war bestimmt durch festgelegte Zeiten für das Gebet, die Arbeit und das Studium. Im Laufe der Jahrhunderte wurden einige Benediktinerklöster durch das Land, das ihnen vererbt wurde, sehr reich. Im Jahre 1098 zogen französische Mönche, die Zisterzienser, zu abgelegenen Orten, wo sie in völliger Abgeschiedenheit ihrem Tagewerk nachgingen. Ein anderer Orden, die Kartäuser, war der Ansicht, dass der beste Weg, Gott zu dienen, der sei, das Leben in stillem Gebet zu verbringen. Noch heute führen Kartäusermönche ein Einsiedlerleben mit strengem Schweigegebot. Die Anzahl von Mönchen, Nonnen und religiösen Orden nahm während des gesamten Mittelalters stetig zu.

Caterina Benincasa (1347-80) wurde in der italienischen Stadt Siena geboren. Im Alter von sechs Jahren soll sie eine Christuserscheinung gehabt haben, worauf sie sich mit sechzehn dem Dominikanerorden anschloss, um Nonne zu werden. Caterina verbrachte die meiste Zeit ihres Lebens damit, für kranke und arme Menschen zu sorgen, wie auf diesem Gemälde (rechts) zu sehen ist, auf dem sie sich um einen Bettler kümmert. Laut Überlieferung sollen im Jahr 1375 die Wundmale Christus' an ihrem Körper erschienen sein. 1461 wurde sie als Katharina von Siena heilig gesprochen.

Illuminierte Handschriften
Dies waren Bücher, die von Hand geschrieben und illustriert wurden. Sie waren illuminiert, das heißt „erleuchtet“ oder verziert, mit Bildern in leuchtenden Farben sowie Gold und Silber, die Miniaturen genannt werden. Die am häufigsten illuminierten Handschriften waren die Bibel, Gebetsbücher, die auch Stundenbücher genannt wurden, Sammlungen von Psalmen, die Psalter heißen, Chroniken und Gedichte. Die Anfangsbuchstaben oder Initialen wurden mit kunstvollen Verzierungen bestückt und große Initialen enthielten mitunter sogar kleinere Illustrationen. Die Buchmalerei wurde normalerweise erst hinzugefügt, nachdem der Text durch den Skriptor abgeschlossen war. Die Seiten waren aus Pergament, der getrockneten Haut eines Schafs oder einer Ziege. Die Verzierungen wurden mit dickflüssiger Wasserfarbe ausgeführt und besonders schätzten die Buchmaler einen glänzenden blauen Farbton, der aus dem Stein Lapislazuli gewonnen wurde. Die rote Farbe, die Minium genannt wurde, erhielt man von Blei. Die Buchmaler verwendeten auch goldene Blätter, die hergestellt wurden, indem man ein kleines Stück Gold so lange platt schlug, bis es dünner war als Papier. Das goldene Blatt wurde auf der Seite angebracht und dann poliert, damit es glänzte.

Diese illuminierte Handschrift aus Italien erzählt in Wort und Bild die Legende des heiligen Georg. Dieser soll die Tochter eines Königs gerettet haben, indem er einen Furcht erregenden Drachen mit der Lanze tötete.

Musik war in den Kirchen des Mittelalters sehr beliebt. Die Mönche trugen Lieder vor, indem sie sie in einer einzigen Tonart sangen. Diese Singweise wird Gregorianischer Gesang genannt, benannt nach Papst Gregor I. In dieser Miniatur auf einem Tonteller spielt ein Mönch die Orgel, während ein Diener den Blasebalg betätigt, um das Instrument in Gang zu setzen. Ein Chorjunge singt, und selbst ein Hund scheint an dem Konzert teilzuhaben.

Mönche erteilten jungen Menschen Unterricht im Lesen und Schreiben, meist in Latein. Viele der Schüler waren Jungen, die dann später selbst zu Mönchen wurden. Sie brachten viel Zeit damit zu, Gebete und Passagen der Bibel auswendig zu lernen.

Mönche bestellten das Land und viele Klöster produzierten Lebensmittel für ihren eigenen Bedarf. Es gab sehr viel zu tun, zuerst bei der Aussaat und später bei der Erntezeit. Oft gab es im Kloster eine Scheune, in der das Heu gelagert wurde. Mönche backten auch ihr eigenes Brot und brauten mitunter ihr Bier selbst.

Diese Mönche schlagen im Wald Holz für ihre Tischlerarbeiten. Mitunter erhielten sie Hilfe von den so genannten Laienbrüdern, die zwar heilige Gelübde abgelegt hatten, jedoch nicht genug ausgebildet waren, um Mönche zu sein.

Dieser Mönch erledigt Schreibarbeiten, während die anderen im Gemüsegarten des Klosters arbeiten. Jedes Kloster hatte einen eigenen Raum zum Schreiben, das so genannte Skriptorium. Fertig gestellte Bücher wurden in der Bibliothek aufbewahrt. Mönche, die als Schreiber oder Skriptor tätig waren, brachten viele Stunden des Tages damit zu, religiöse Texte in wunderschöne Handschriften zu übertragen. Die Texte waren normalerweise in Latein verfasst. Die Schreiber benutzten spitze Kiele, die aus Gänsefedern gemacht waren und die sie mit einem Taschenmesser anspitzten. Unterlief ihnen ein Fehler, musste dieser mit dem Messer vom Pergament gekratzt werden. Der geneigte Tisch erleichterte die Arbeit des Mönchs.

Die Kreuzzüge

Über einen Zeitraum von fast 200 Jahren hinweg, von 1095 bis 1291, führten die christlichen Päpste, Könige und Ritter Europas heftige Attacken gegen die muslimischen Herrscher, welche die heilige Stadt Jerusalem und andere Orte kontrollierten, die mit dem frühen Leben Christus' in Verbindung standen,. Diese Feldzüge sind heute unter dem Begriff „Kreuzzüge" bekannt. Viele der Kreuzfahrer wurden von dem frommen, gleichwohl äußerst intoleranten Wunsch angetrieben, das Heilige Land von den „Ungläubigen" zu befreien und es zu einem sicheren Ort für die Christen zu machen. Andere, die an den Kreuzzügen teilnahmen, waren bloße Abenteurer, die ihr Glück suchten und auf Land aus waren, das sie andernorts nicht fanden. Es wurden acht Kreuzzüge veranstaltet, wobei die fünf ersten vom Papst selbst, dem Oberhaupt der christlichen Kirche in Rom, veranlasst wurden. Die späteren Kreuzzüge hingegen wurden von den europäischen Königen initiiert. Obwohl einige der kriegerischen Auseinandersetzungen sogar bis in das 15. Jahrhundert hinein andauerten, erlosch der Kreuzzugseifer mit dem Ende des 13. Jahrhunderts, als die mächtigen Mameluckenherrscher die letzten Kreuzfahrer aus Jerusalem vertrieben.

Diese Miniatur zeigt eine Gruppe von „Kreuzfahrern des Volkes", die von dem bekannten Prediger Peter von Amiens angeführt wurden, der im Jahr 1095 an der Spitze der wichtigsten Kreuzfahrermacht nach Jerusalem aufbrach. Mittellos und schlecht ausgerüstet wurden sie schließlich von den Türken massakriert.

Papst Urban II. versprach den Teilnehmern des ersten Kreuzzuges, sich während ihrer Abwesenheit um deren Besitztümer zu kümmern. Außerdem garantierte er denjenigen, die Verbrechen begangen hatten, Schutz vor Strafverfolgung und – was das wichtigste war – er erzählte ihnen, dass ihre Reise Gott gefallen und er ihnen ihre Sünden vergeben würde.

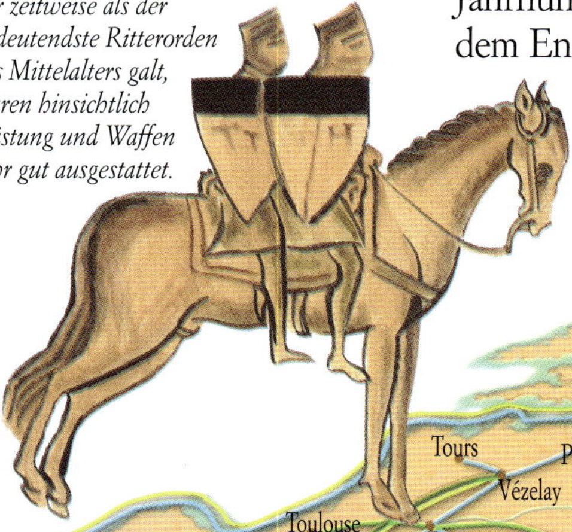

Die Ritter des Templerordens, der zeitweise als der bedeutendste Ritterorden des Mittelalters galt, waren hinsichtlich Rüstung und Waffen sehr gut ausgestattet.

Die Europäer, die nach den verschiedenen Kreuzzügen im Heiligen Land verblieben, errichteten große Befestigungsanlagen, Burgen und Klöster in europäischem Stil. Diese waren sehr kostspielig in ihrer Erhaltung und wurden daher meist auch bald an die Militärorden der Templer oder Hospitaliter veräußert, die diese in militärische Stützpunkte verwandelten, die dazu dienen sollten, die Christen im Heiligen Land zu verteidigen. Die hier gezeigte Kreuzritterburg wird Krak des Chevaliers genannt.

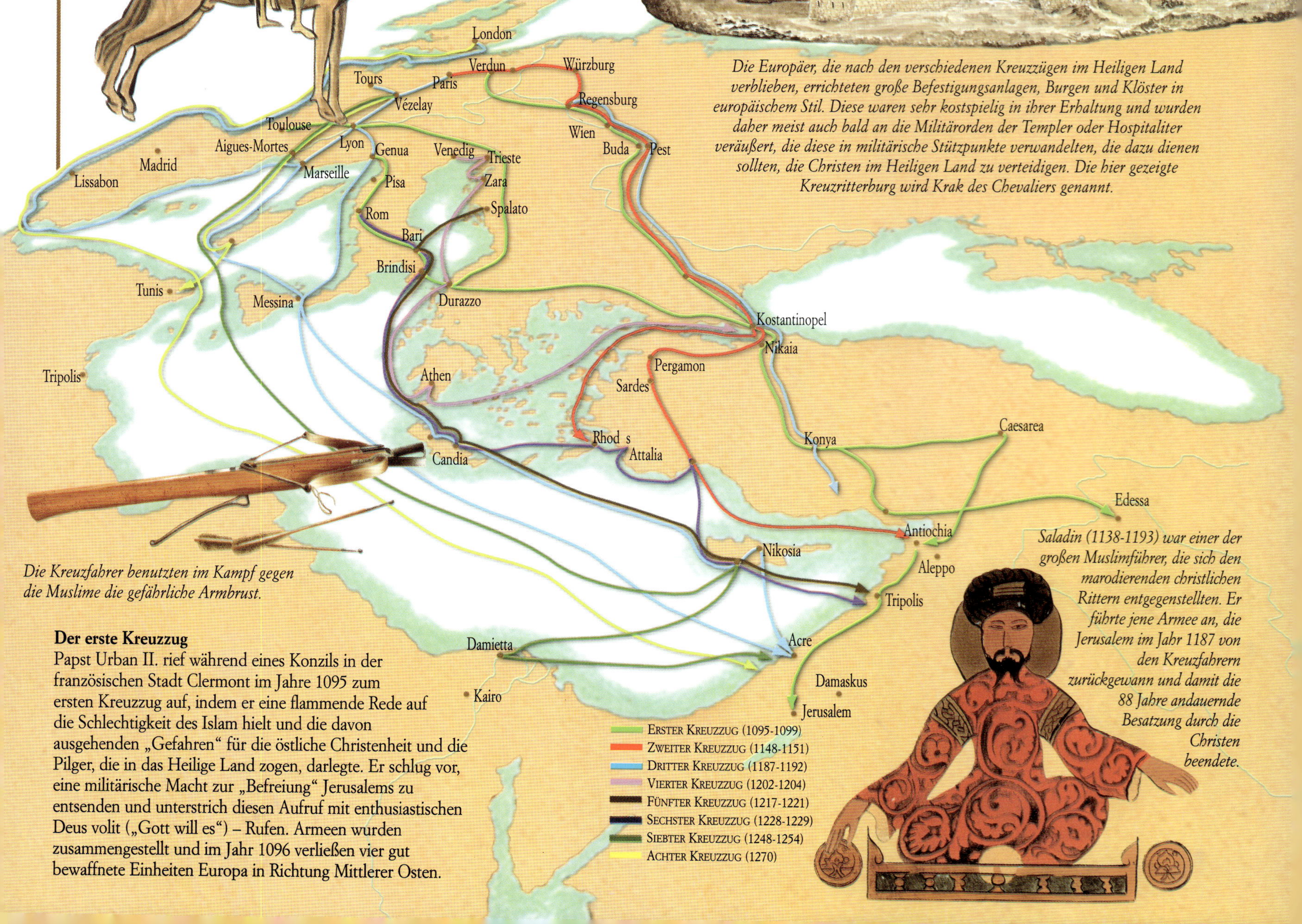

Die Kreuzfahrer benutzten im Kampf gegen die Muslime die gefährliche Armbrust.

Saladin (1138-1193) war einer der großen Muslimführer, die sich den marodierenden christlichen Rittern entgegenstellten. Er führte jene Armee an, die Jerusalem im Jahr 1187 von den Kreuzfahrern zurückgewann und damit die 88 Jahre andauernde Besatzung durch die Christen beendete.

Der erste Kreuzzug

Papst Urban II. rief während eines Konzils in der französischen Stadt Clermont im Jahre 1095 zum ersten Kreuzzug auf, indem er eine flammende Rede auf die Schlechtigkeit des Islam hielt und die davon ausgehenden „Gefahren" für die östliche Christenheit und die Pilger, die in das Heilige Land zogen, darlegte. Er schlug vor, eine militärische Macht zur „Befreiung" Jerusalems zu entsenden und unterstrich diesen Aufruf mit enthusiastischen Deus volit („Gott will es") – Rufen. Armeen wurden zusammengestellt und im Jahr 1096 verließen vier gut bewaffnete Einheiten Europa in Richtung Mittlerer Osten.

Die Kreuzfahrerstaaten

Die ersten Kreuzfahrer eroberten Jerusalem am 15. Juli des Jahres 1099. Sie töteten die muslimischen und jüdischen Einwohner der Stadt. In den darauf folgenden Jahren gewannen sie die Herrschaft über den schmalen Küstenstreifen von Palästina und errichteten – unter der Führung der europäischen Herrscher – die so genannten „Kreuzfahrerstaaten".

Diese Miniatur zeigt eine Lanzen tragende christliche Truppe, die während des zweiten Kreuzzuges, von 1148-51, gegen muslimische Soldaten kämpft.

Die Karte unten zeigt Jerusalem als Mittelpunkt der Welt. Im Mittelalter tauchten solche Karten auf, die, ohne die geographischen Tatsachen zu berücksichtigen, die Stadt Jerusalem als Sitz der Grabeskirche Jesu zum Zentrum der Welt machten.

Die Kreuzfahrer des vierten Kreuzzuges plünderten die Stadt Konstantinopel. Dieses Viergespann oder Quadriga gelangte dabei in die italienische Stadt Venedig, wo die Pferde noch heute zu sehen sind.

Kreuze, die von den Kreuzfahrern in die Wände der Grabeskirche in Jerusalem geritzt wurden, sind heute noch immer sichtbar.

Im Jahre 1212 soll der allgemeine Kreuzzugseifer zu einem Kinderkreuzzug geführt haben. Tausende von Kindern aus Europa brachen damals in das Heilige Land auf. Das Schicksal der Kinder bleibt ungeklärt, sie wurden als Sklaven verkauft oder verschwanden.

Saladins Armeen besaßen weitaus raffiniertere Kommunikationsmittel als ihre europäischen Angreifer. Sie verwendeten Leuchtfeuer und Rauchsignale ebenso wie ein „Pferdekuriersystem" und Brieftauben (obwohl die Kreuzfahrer Falken trainierten, tauschten sie Nachrichten oft mittels Brieftauben aus).

Nicht nur Muslime, auch viele Juden fielen den Kreuzfahrern zum Opfer.

Eine Purim-Schriftrolle.

Austausch der Kulturen

Obwohl Christen und Muslime erbitterte Feinde waren, lernten sie während der Kreuzzüge vieles voneinander. Die Europäer übernahmen den Gebrauch von Insignien (Symbolen), um die verschiedenen Gruppen von Rittern zu unterscheiden, und diese wurden die Grundlage der westlichen Wappenkunde oder Heraldik.

Der vierte Kreuzzug

Papst Innozenz III. rief im Jahr 1198 zum vierten Kreuzzug gegen Ägypten auf. Die sich daraufhin formierende Kreuzfahrerarmee war schlecht ausgerüstet und im Austausch für Schiffe und Waffen erklärte sie sich daher bereit, die Handelsstadt Venedig bei der Eroberung Konstantinopels zu unterstützen. Dies führte zu der endgültigen Trennung zwischen der lateinischen Kirche, die ihren Sitz in Rom hatte, und der byzantinischen in Konstantinopel.

Nach Monaten oder manchmal sogar Jahren der Abwesenheit kehrten die Kreuzfahrer in ihre Heimat, zu ihrem Lehnsbesitz und ihren Familien zurück. Diese Statue zeigt Hugo de Vaudemont und seine Frau bei dessen Rückkehr nach der Eroberung Jerusalems im ersten Kreuzzug.

Die Europäer erlernten die Zucht und den Umgang mit Brieftauben während der Kreuzzugsperiode von den Muslimen.

Die Kreuzfahrer brachten viele neue Gerichte und Gewürze aus dem Osten mit. Kandierte Früchte und Zucker gelangten in jener Zeit nach Europa und wurden so Teil der kulinarischen Tradition.

Die Kreuzfahrer brachten bedeutendes Wissen aus dem Osten mit, so zum Beispiel die Technologie, die zum Betrieb einer Windmühle nötig ist.

Der schwarze Tod: Medizin und Wissenschaft

Als Europa im 14. Jahrhundert von einer verheerenden Pestepidemie erfasst wurde, waren die Menschen völlig unfähig, etwas dagegen zu tun oder dies überhaupt zu verstehen. Die Verbreitung von Wissenschaften und medizinischen Kenntnissen erfolgte nur langsam durch die Einrichtung von Universitäten auf dem gesamten Kontinent. Doch selbst erfahrene Ärzte konnten nicht erklären, auf welche Weise die Seuche sich ausbreitete. Viele Menschen glaubten, dass der „schwarze Tod" eine von Gott gesandte Plage wäre, um die Menschen für ihre Schlechtigkeit zu bestrafen. Menschen, die man Geißler oder Flagellanten nannte, zogen in kleinen Gruppen von Stadt zu Stadt, wobei sie sich selbst geißelten, um auf diese Weise Abbitte für menschliche Sünden zu leisten. Zur gleichen Zeit versuchten europäische Gelehrte ihre Erkenntnisse zu erweitern, indem sie sich untereinander austauschten oder Wissen aus anderen Teilen der Welt erwarben. Manch einer versuchte, die gewonnenen Erkenntnisse mit den Lehren der Kirche zu verbinden.

Diese seltsam wirkende Person trägt einen Schutzanzug gegen die Seuche. Viele Menschen waren der Ansicht, dass der schwarze Tod durch schlechte Luft verursacht wurde, aber schließlich erkannten sie, dass die Seuche durch den direkten Kontakt mit einem Infizierten übertragen werden konnte.

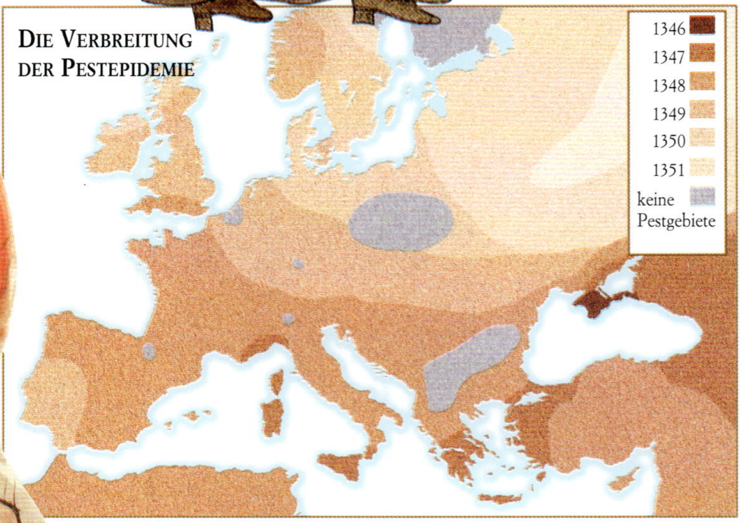

Die Opfer der Seuche erlitten einen äußerst schmerzhaften, aber raschen Tod, und in den Städten wurde in jenen Tagen eine große Anzahl von Menschen in Massengräbern bestattet.

Der Tod greift um sich

Der schwarze Tod, wie die Beulenpest im Volksmund genannt wurde, nahm ihren Ursprung in Zentralasien und erreichte Europa im Jahr 1347. Nur drei Jahre später waren der Seuche bereits Millionen von Menschen zum Opfer gefallen. Insgesamt starben schätzungsweise 25 Millionen Menschen, das war mindestens ein Drittel der europäischen Bevölkerung. Die tödliche Seuche war durch ein Bakterium auf den Menschen übertragen worden: Zunächst stach ein Floh eine mit diesem Bakterium infizierte Ratte, dann gab der Floh das Bakterium durch einen Stich an den Menschen weiter. Die Menschen im Mittelalter hatten keine Ahnung, auf welche Weise die Seuche übertragen wurde und diese Unwissenheit vergrößerte die Angst und schürte die Panik unter ihnen.

Diese Kräuter wurden im Mittelalter häufig verwendet. Wermut (Mitte) wurde in die Kleidung gegeben, um die Flöhe zu vertreiben. Zitronenmelisse (links) war ein Heilmittel gegen Fieber und Lungenkraut (rechts) wurde bei Brustschmerzen verordnet.

Unten: In diesem systematisch angelegten mittelalterlichen Kräutergarten wuchsen verschiedene nützliche Pflanzen. Viele Menschen waren in dieser Hinsicht abergläubisch und pflückten oder verwendeten sie nur an ganz bestimmten, dafür vorgesehenen Tagen des Jahres. Die Verwendung von Heilkräutern war auch deshalb sehr beliebt, weil der Besuch eines ausgebildeten Arztes äußerst kostspielig war. Im Mittelalte glaubten die Menschen, dass Weide bei Kopfschmerzen half – tatsächlich stammt der Wirkstoff des heute bekannten Schmerzmittels Aspirin ursprünglich daher.

Die Menschen im Mittelalter fanden, dass die Wurzel der Alraune der Gestalt eines Menschen ähnlich sei, und man erzählte sich sogar, dass sie einen Schrei ausstieß, wenn sie aus der Erde gezogen wurde. Die Alraune fand als Beruhigungs- und Schmerzmittel Anwendung in der mittelalterlichen Apotheke.

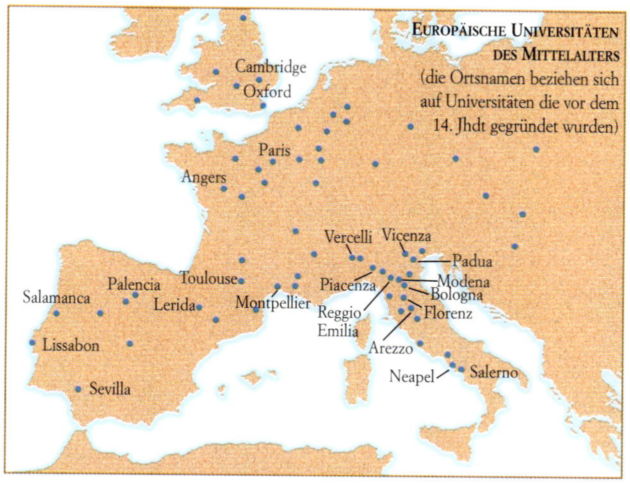

Medizin im Mittelalter

Im Mittelalter gab es nur wenige Schmerzmittel, dementsprechend schmerzhaft konnte die Behandlung ausfallen. Die chirurgischen Instrumente waren primitiv und nicht sterilisiert. Wahrscheinlich waren sie nicht einmal sehr sauber, sodass das Risiko einer Infektion enorm hoch war. Die Ärzte im Mittelalter waren sich dieser Gefahr allerdings überhaupt nicht bewusst.

Europas älteste medizinische Fakultät entstand im 9. Jahrhundert in der italienischen Stadt Salerno. Die später gegründeten Universitäten nahmen Medizin in ihren Unterrichtskanon auf. Im 14. und 15. Jahrhundert entstanden in ganz Europa Universitäten, wie auf der Karte zu sehen ist. Die Einrichtung der Hochschulen trug sehr viel zur Weiterentwicklung der Wissenschaften und der Medizin bei. Dieser Prozess vollzog sich nicht zuletzt auch dadurch, dass die Gelehrten ihre Forschungsergebnisse und das gesammelte Wissen untereinander austauschten.

Ein mittelalterlicher Arzt bei der Operation des grauen Stars am Auge des Patienten.

Die Universitäten

Der Ursprung der europäischen Universitäten ist auf die mittelalterlichen Kirchen- und Klosterschulen zurückzuführen. Die erste Universität wurde in der italienischen Stadt Bologna gegründet. Sie wurde im Jahr 1088 von einer Gruppe Studenten eröffnet, die beschlossen hatten, einen Gelehrten anzustellen, der sie unterrichten sollte. Im darauf folgenden Jahrhundert entstanden Universitäten auch in anderen europäischen Städten wie in Paris oder in den englischen Städten Oxford und Cambridge. Die drei wichtigsten Fächer, die an den mittelalterlichen Universitäten gelehrt wurden, waren Recht, Medizin und Theologie.

Studenten im Mittelalter

Jede Universität verlangte Studiengebühren; war ein Student an einer Universität nicht zufrieden und konnte es sich leisten, so besuchte er einfach eine andere Universität. Wie im Jahr 1209, als unglückliche Oxforder Studenten nach Cambridge aufbrachen. Zwanzig Jahre später verließen viele Studenten die Universität von Paris, um in Oxford ihre Studien fortzusetzen.

Diese deutsche Skulptur zeigt eine Gruppe von Studenten. Die erste deutsche Universität wurde im Jahr 1386 in Heidelberg gegründet.

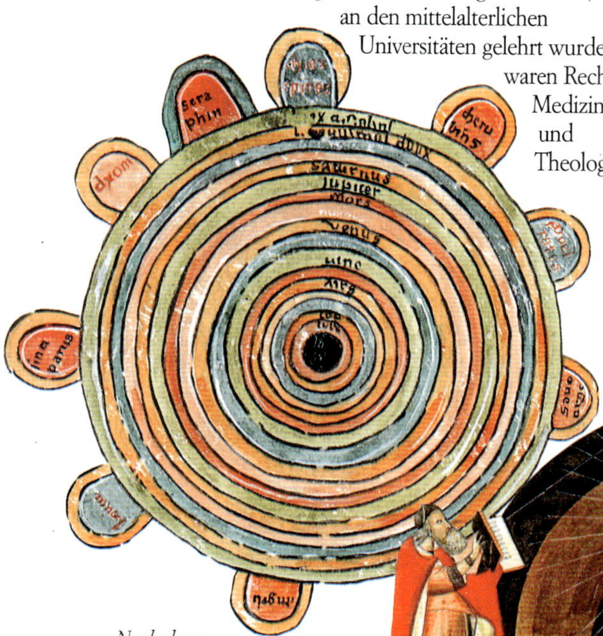

Nach dem ptolemäischen Weltsystem (oben) bewegten sich die Sonne, der Mond, die Planeten und sämtliche Sterne um die Erde, die als der Mittelpunkt des Ganzen betrachtet wurde. Das Sonnensystem mit der Sonne im Mittelpunkt wurde von Kopernikus im 16. Jahrhundert entdeckt.

Kirche und Wissenschaft

Im Mittelalter stellten viele Gelehrte ihr Wissen in einer Weise vor, die mit dem Weltbild der christlichen Kirche übereinstimmte. Denn in jener Zeit war es für Wissenschaftler und Gelehrte äußerst schwierig, öffentlich mit Erkenntnissen aufzuwarten, die den Ansichten der Kirche widersprachen.

Der italienische Gelehrte Thomas von Aquin (1225-74) wurde zunächst an einer Schule der Benediktiner und später an der Universität von Paris ausgebildet. Seine Lehre versuchte zu zeigen, dass christlicher Glaube und menschlicher Verstand auch in Einklang miteinander sein – und sich sogar gegenseitig stützen können. Thomas von Aquin wurde 1323 heilig gesprochen.

Links: Ein Ritter wird von mehreren Mägden bedient, während er ein Bad in einem hölzernen Zuber nimmt. Ein weiterer Diener betätigt den Blasebalg, um ein Feuer, welches das Wasser erhitzt, am Brennen zu halten. Normalerweise badete ein Ritter nur vor einem außergewöhnlichen Anlass, wie einem Fest oder einer anderen wichtigen Zeremonie.

Die Welt des Islam

Im Mittelalter legten viele muslimische Gelehrte ihr Wissen in Büchern dar. Im 11. Jahrhundert beispielsweise schrieb der persische Philosoph und Arzt Avicenna (980-1037) ein umfangreiches medizinisches Handbuch, das beweist, wie fortgeschritten für damalige Verhältnisse die Medizin in der arabischen Welt war. Die Grundlagen seiner Arbeit fand er neben der arabischen in der griechischen und römischen Medizin, und sein Werk wurde im ganzen Mittleren Osten wie in Europa sehr bekannt. Die Muslime waren nicht nur äußerst fähige Ärzte, sondern auch brillante Mathematiker: Sie führten in Europa das arabische System der Ziffern sowie die Algebra ein.

Ein muslimischer Apotheker (oben) bei der Zubereitung einer Arznei über einer Feuerstelle.

Im 9. Jahrhundert ruderten und segelten schwedische Wikinger die Wolga, den Dnjepr und anderer Flüsse entlang nach Süden. Wikingerschiffe waren sehr leicht und konnten an ungünstigen Stellen gezogen oder an Stromschnellen vorbei getragen werden. Die slawischen Stämme, die im Gebiet des heutigen europäischen Russlands lebten, nannten die bewaffneten Neuankömmlinge Waräger und hießen sie vermutlich als Händler willkommen.

Bei den Jagdvölkern des Nordens war der Braunbär ein gefürchtetes und gottähnliches Wesen. Russischen Legenden zufolge lebte der Bär mit dem Himmelsgott in dessen Palast im Himmel. Einige russische Völker veranstalteten nach der Bärenjagd ein Fest. Dabei mussten sich die Gäste vor dem toten Bären verbeugen und seine Schnauze küssen.

Der Helm von Jaroslaw I. (980-1054), bekannt als Jaroslaw der Weise, der nach dem Sieg über seinen Bruder Swjatopolk Großfürst von Kiew wurde. Jaroslaw gründete christliche Kirchen und Klöster und ließ heilige Texte aus dem Griechischen in das Slawische übersetzen. Seine drei Töchter heirateten die Könige von Norwegen, Frankreich und Ungarn.

Von der Ostsee zum Schwarzen Meer

Die wichtigste Wasserstraße der Wikinger führte von der Ostsee die Newa flussaufwärts zum Lagodasee und dann den Fluss Wolchow entlang nach Nowgorod, das bereits seit dem 7. Jahrhundert besiedelt war. Die Südroute führte weiter über den Ilmensee und den Fluss Lowat. Dann trugen die Wikinger ihre Schiffe ins Quellgebiet des Dnjepr, der durch das heutige Russland, Weißrussland und die Ukraine bis zur 2285 Kilometer entfernten Küste des Schwarzen Meeres fließt. Der Dnjepr führte durch Kiew, das von den Slawen bereits im 5. Jahrhundert gegründet worden war. Auf der anderen Seite des Schwarzen Meeres lag Konstantinopel, das sich rasch zum wichtigsten Handelspartner des neuen Kiewer Reiches entwickelte. Weiter im Osten folgten die Wikinger der Wolga bis hin zum Kaspischen Meer.

Einer mittelalterlichen Chronik zufolge siedelten sich miteinander verwandte Waräger-Familien 862 in Holmgard (Nowgorod) an und gründeten ein Reich. Es wurde als das „Land der Rus“ bekannt, das dem modernen Russland seinen Namen gab. Auf dieser Abbildung entrichten Slawen in Form von Pelzen und Fellen Tribut an die Rus. Pelze waren ein wichtiges Handelsgut der Wikinger, die Zobel, Hermelin und andere wertvolle Felle aus dem arktischen Norden sowie Walross-Elfenbein und Eisen mitbrachten.

Die Geburt Russlands

Der erste russische Staat entstand im 9. Jahrhundert, als schwedische Wikinger, die so genannten Waräger, die Ostsee überquerten und südwärts vordrangen. Schon bald führten von ihnen eingerichtete und kontrollierte Handelswege die Flüsse und Seen entlang bis hin zum Schwarzen Meer. Pelze, Honig und andere Erzeugnisse wurden über das Schwarze Meer nach Konstantinopel gebracht und dort gegen Seide, Gewürze und Gold eingetauscht. Die Wikinger beherrschten rasch die slawischen Stämme, die schon seit Jahrhunderten in diesem Gebiet lebten, und integrierten sich in ihre Gesellschaft. Kiew, die Hauptstadt der heutigen Ukraine, entwickelte sich zur führenden Stadt und zum Sitz eines Fürsten, der das Kiewer Reich regierte. Eine andere wichtige Region war der Norden um Nowgorod. Unter dem Einfluss des Byzantinischen Reiches wurde Kiew bald christianisiert. Im 13. Jahrhundert eroberten aus dem Osten kommende Mongolen den ersten russischen Staat.

Die beiden ersten russischen Heiligen Boris und Gleb waren die Söhne Wladimirs I. (um 956-1015), der als Großfürst von Kiew und Nowgorod nach einem Übereinkommen mit dem byzantinischen Kaiser im Jahr 988 christlich getauft wurde. Boris und Gleb wurden von ihrem Bruder Swjatopolk getötet, der die Macht in Kiew an sich riss. Ihr Bildnis oben stammt von einer hölzernen Ikone.

Nestorchronik

Das älteste Werk über die Geschichte Russlands ist die Nestorchronik, die um 1111 in Kiew entstand und einem Mönch namens Nestor zugeschrieben wird. Darin heißt es, dass sich die slawische Stämme in Nowgorod zerstritten und Wikingerhändler baten, die Ordnung wieder herzustellen. Einer der Wikingerführer, Rurik, siedelte sich in Nowgorod an und regierte das umliegende Gebiet. Historiker sind sich nicht sicher, ob diese Geschichte wahr ist, da einige Teile der Chronik auf Legenden beruhen, aber es scheint, dass die Ankunft der Wikinger oder Waräger ziemlich friedlich verlaufen ist. Weiter hält die Chronik fest, dass ein anderer Waräger namens Oleg im Jahr 882 Kiew übernahm und dort als Fürst regierte. Später wurde den Machthabern Kiews der Titel Großfürst verliehen und als solche beherrschten sie die lokalen Anführer.

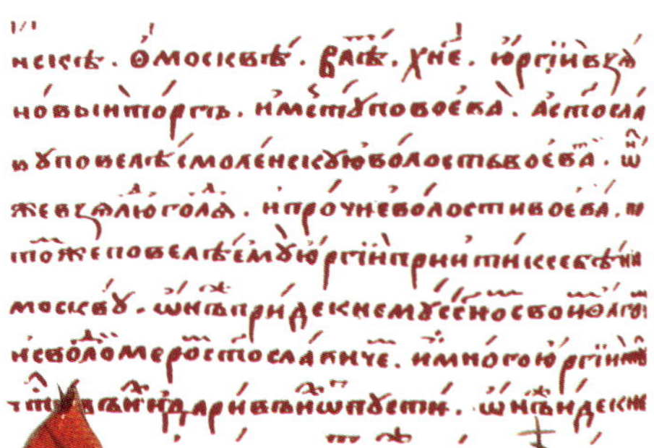

Dieses Dokument aus dem Jahr 1147 wurde in Kyrillisch geschrieben. Zum ersten Mal wird Moskau erwähnt, obwohl es dort schon seit vorgeschichtlicher Zeit eine Ansiedlung gab.

Diese Miniatur zeigt die Taufe Wladimirs im Jahr 988. Einer mittelalterlichen Chronik zufolge dachte Wladimir daran, seinem Land eine Staatsreligion zu geben, und sandte Boten aus, die ihn über den Islam, das Judentum und das byzantinische Christentum informieren sollten. Der Bericht von einer herrlichen Messe in der Hagia Sophia in Konstantinopel überzeugte ihn. Mit der Verpflichtung, zum Christentum überzutreten, gewann er die Schwester des byzantinischen Kaisers Basileios II., Anna, zur Frau. Das war der Beginn der russisch-orthodoxen Kirche.

Die Mongolen stürmten die russischen Fürstentümer zum ersten Mal im Jahr 1221. 1240 fiel das Kiewer Reich, als mongolische Tataren die Stadt plünderten. Nowgorod wurde durch Angriffe von Schweden und Deutschen geschwächt.

Ein Terrakotta-Ei aus dem 10. Jahrhundert. Das Ei ist ein altes Symbol für die Erneuerung des Lebens. Die Christen übernahmen es als Symbol für Ostern, das Fest der Auferstehung Christi.

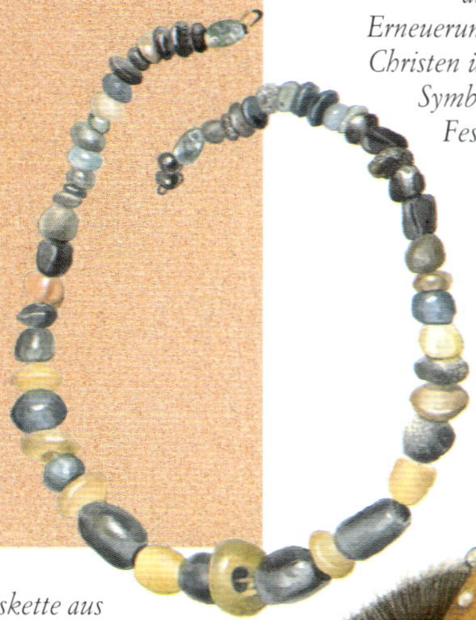

Dieses Emblem der russisch-orthodoxen Kirche ist auf vielen russischen Bauwerken des 19. Jahrhunderts zu sehen. Zur Abspaltung der byzantinisch-orthodoxen Kirche von der römischen Kirche kam es im Jahr 1054, dem Todesjahr Jaroslaws des Weisen.

Halskette aus Bernstein, einem versteinerten Baumharz, und Glas. Der beste Bernstein kam aus dem Ostseeraum und war ein begehrtes Handelsgut der Wikinger im ganzen frühen Russland.

Auf diesem Gemälde halten Konstantin und seine Mutter Helene ein russisches Kreuz. Es hat oben zwei und unten einen horizontalen Balken.

Der erste Träger der prächtigen Staatsmütze, eines Pelzhutes aus edlen Metallen und Juwelen, war Wladimir II. (1053-1125), der Großfürst von Kiew. Wladimir II. war ein starker Herrscher, der viele erfolgreiche Feldzüge gegen türkische Invasoren durchführte. Er gründete auch neue Städte, darunter Wladimir, wo im 12. Jahrhundert die Kathedrale des heiligen Dmitri errichtet wurde. Später übernahmen und trugen die russischen Zaren Wladimirs Staatsmütze.

Der griechische Einfluss

Im 9. Jahrhundert übersetzten zwei griechische Mönche und Missionare die Heilige Schrift in die slawische Sprache. Den Bürgern des Kiewer Reiches brachten sie damit sowohl eine Religion als auch ein Alphabet. Die beiden Mönche Kyrill (um 827-869) und Methodius (um 825-884) waren Brüder und wurden später heilig gesprochen. Das von ihnen eingeführte Alphabet ist ein abgeändertes griechischcs Alphabet, das später nach Kyrill kyrillisch genannt wurde. Von den ursprünglich 43 Buchstaben sind heute 30 übrig geblieben. Christliche Missionare aus Konstantinopel verbreiteten später das kyrillische Alphabet, als sie Russen, Serben, Bulgaren und andere slawische Völker zum orthodoxen Christentum bekehrten. Der griechische und byzantinische Einfluss auf das frühe Russland war beträchtlich und äußerte sich vor allem in der Kunst, der Architektur und der Literatur.

Diese Ikone ist das Meisterwerk des russischen Ikonenmalers Andrej Rubljow (um 1370-1430). Sie trägt den Titel „Dreifaltigkeit“ und zeigt die drei Engel, die Gott zu Abraham entsandte. Die drei Engel stehen für die drei Wesenheiten, die Gott im Christentum verkörpert: Vater, Sohn und Heiliger Geist. Rubljow, den die byzantinische Kunst sehr beeinflusste, arbeitete oft mit einem berühmten griechischen Maler zusammen und wurde schließlich Mönch.

Ein russisch-orthodoxer Prieser trägt eine Ikone. Diese religiösen Bilder, die sich ursprünglich aus der byzantinischen Kunst entwickelten, spielen bei vielen Ritualen der orthodoxen Kirche eine wichtige Rolle. Sie werden bei Hochzeiten und anderen Feierlichkeiten getragen und haben den gleichen Stellenwert wie Heiligenfiguren in anderen Kirchen.

Die Sophienkathedrale in Kiew (unten) hat ihren Namen von der Hagia Sophia in Konstantinopel. Sie wurde unter Jaroslaw dem Weisen erbaut und 1037 vom ersten Metropoliten Kiews geweiht.

Deutsches Reich und Papsttum

Otto der Große, der im Jahr 936 zum König von Deutschland und 962 zum Kaiser des Heiligen Römischen Reiches gekrönt wurde, vereinte die Vielzahl der deutschen Fürstentümer unter der Krone. Seine Nachfolger, die sächsischen Kaiser, mehrten die Macht des Heiligen Römischen Reiches und führten es zu einer Blüte. Das nächste Herrscherhaus, die Salier aus Franken, brachte zwischen 1025 und 1125 starke Kaiser hervor, unter deren Herrschaft es zu einer Reihe von Konflikten mit den Päpsten kam. Der Hauptstreitpunkt betraf das Recht der Einsetzung von Bischöfen, aber es gab noch größere Probleme. Weder der Kaiser noch der Papst wollten etwas von ihrer Macht abgeben, aber jeder brauchte den anderen, um seine Macht im Volk zu stärken. In diesem Zwist fielen viele deutsche Fürsten vom Kaiser ab und stellten sich auf die Seite des Papstes. Es blieb der nächsten Kaiserdynastie, den Staufern aus Schwaben, überlassen, die Ordnung im Reich wieder herzustellen.

Karl der Kahle wurde von Papst Johannes VIII. am Weihnachtstag 875 zum Kaiser des Heiligen Römischen Reiches gekrönt. Während seiner kurzen Herrschaft lebten Prunk und Glanz der Zeit Karls des Großen wieder auf. Karls enge Verbindungen mit der Kirche und dem Papst verliehen ihm große Macht.

Nach dem Tod Ludwigs I., des Sohns von Karl dem Großen, brach das Reich auseinander. Der Zwist wurde 843 beigelegt, als die drei Söhne Ludwigs das Reich unter sich aufteilten. Karl der Kahle erhielt das Westfrankenreich, Lothar I. das Mittelreich und Ludwig der Deutsche das Ostfrankenreich.

Otto III. (980-1002) (rechts) wurde bereits im Alter von drei Jahren zum König gekrönt und stand bis zu seinem 16. Lebensjahr unter der Vormundschaft seiner Mutter und Großmutter. Er war ein Enkel Ottos des Großen, der die Ungarn aus Süddeutschland vertrieb und das mittelfränkische Reich, das ursprünglich von Lothar regiert wurde, der Krone unterstellte. Sein Sohn Otto II. kämpfte erfolgreich gegen die Dänen und Böhmen.

Die Dynastie der Staufer

Die Hohenstaufen waren eine mächtige Fürstenfamilie des mittelalterlichen Deutschlands, deren Name auf ihre im 11. Jahrhundert erbaute Burg Hohenstaufen in Schwaben zurückging. 1079 erhielt der Gründer der Dynastie, Friedrich von Hohenstaufen, als Belohnung für loyale Dienste von Kaiser Heinrich IV. das Herzogtum Schwaben und heiratete Heinrichs Tochter Agnes. Friedrichs Sohn, auch er hieß Friedrich, erhob Anspruch auf die deutsche Krone, musste sich aber 1125 dem Spruch der deutschen Fürsten beugen, die ihr Recht auf eine freie Königswahl bekräftigten. 1138 gelangte sein Enkel Konrad als Konrad III. auf den Thron. Konrads Neffe, Friedrich Barbarossa, folgte ihm nach und wurde Kaiser des Heiligen Römischen Reiches. Heinrich IV. und Friedrich II. waren weitere Kaiser der Staufer, die bis 1254 den kaiserlichen Thron innehatten.

Friedrich I. (um 1122-1190) Barbarossa oder Rotbart (oben) war ein sehr populärer deutscher König aus der Linie der Hohenstaufen. Im Jahr 1155 wurde er Kaiser des Heiligen Römischen Reiches. Er unterlag Papst Alexander III. in einer erbittert geführten Auseinandersetzung und fand bei einem Kreuzzug in das Heilige Land den Tod. Einer berühmten Legende zufolge soll Friedrich nie gestorben sein; sein roter Bart wachse weiter, so heißt es, und er werde eines Tages wiederkommen, um Deutschland zu regieren.

Die Kirche St. Michael im niedersächsischen Hildesheim wurde zwischen 1010 und 1033 erbaut. Der Bischof von Hildesheim, Bernward, war ein Lehrer des deutschen Königs Otto III. Die Kirche ist in dem nach den deutschen Herrschern jener Zeit benannten ottonischen Stil errichtet.

Eine Büste Friedrichs II. (1194-1250), dessen große Staatskunst überall gelobt wurde. Im Alter von zwei Jahren wurde er zum deutschen König gekrönt und im Jahr 1215 zum Kaiser des Heiligen Römischen Reiches. Er war Feldherr und Gelehrter, aber auch ein großer Förderer der Dichter und Künstler.

Ein Falkner kniet vor Kaiser Friedrich II. Friedrich war ein ausgezeichneter Jäger, der ein Buch mit dem Titel „Über die Kunst mit Vögeln zu jagen" schrieb, das bis heute als maßgeblich für die Falknerei gilt. Besonders gern ging er in der Gegend um Castel del Monte in Italien auf die Jagd.

Friedrich II., ein Enkel Barbarossas, ließ im ganzen Reich viele Burgen erbauen. Die berühmteste und besterhaltene ist Castel del Monte in Puglien in Süditalien. Diese mächtige, gotische Burg, deren acht Seiten ein perfektes Achteck bilden, wurde im Jahr 1240 errichtet.

Heinrich IV. kniet zwischen Mathilde von Tuszien und dem Bischof von Cluny. Man sagt, dass Papst Gregor VII. Heinrich, als er 1077 nach Canossa in Italien kam, drei Tage lang barfuß im Schnee warten ließ, bevor er auf sein Versöhnungsangebot einging.

Papst Gregor IX. (1148-1241) geriet in einen jahrelangen Konflikt mit dem Herrscher des Heiligen Römischen Reiches. Er sprach gleich zweimal den Bann gegen Friedrich II. aus, der seine Gelübde und Zusagen nicht hielt.

Investiturstreit

Im Jahr 1075 verkündete Papst Gregor VII., dass er allein die Befugnis zur Einsetzung von Bischöfen und Äbten habe, die bis dahin Königen und Kaisern im Rahmen des Loyalitätsversprechens zugestanden hatte. König Heinrich IV. stellte sich gegen Gregor und setzte ihn als Papst ab. Im Gegenzug schloss Gregor Heinrich aus der Kirche aus. Da viele deutsche Fürsten den Papst unterstützten, sah Heinrich sich gezwungen nachzugeben und trat den Gang nach Canossa an. 1084 jedoch, in dem Jahr, in dem Heinrich zum Kaiser gekrönt wurde, nahm er Rom ein und ersetzte Gregor durch einen anderen Papst, Klemens III. Der Streit zwischen Kaiser und Papst wurde erst 1122 beigelegt, als Heinrich und Gregor längst tot waren.

Wie die besten Freunde teilen sich Kaiser und Papst hier einen gemeinsamen Thron. Doch leider kamen die beiden Institutionen im Mittelalter nicht immer so gut miteinander aus, was unter anderm auch daran lag, dass Adel und Bischöfe Druck auf beide Seiten ausübten.

Das gebogene Ende eines Bischofsstabs, auch Krummstab genannt. Dieses reicht verzierte Exemplar besteht aus Elfenbein. Der Krummstab gleicht in der Form einem Hirtenstab. So versinnbildlicht er die Beziehung zwischen dem Bischof und seiner Diözese oder Gemeinde, die der eines Hirten zu seiner Herde gleicht.

Dem Erzbischof (oben) unterstanden mehrere Bischöfe und ihre Diözesen. Wie der Papst selbst rivalisierten auch Erzbischöfe und Bischöfe oft mit dem Adel um die weltliche Macht, die manchen von ihnen ebenso wichtig war wie ihr geistliches Amt.

Die Bischofsmütze, die so genannte Mitra, ist ein Symbol für das Bischofsamt, das in mittelalterlichen Zeiten Autorität und Macht repräsentierte. Dieses erlesene Exemplar ist mit Gold- und Seidenfäden reich bestickt. Normalerweise kamen Bischöfe aus Adelsfamilien und sprachen sowohl in Staats- als auch in Kirchenangelegenheiten ein gewichtiges Wort.

Innozenz III. (1160-1216) gilt als einer der größten Päpste des Mittelalters. Er entschied den Kampf rivalisierender deutscher Fürsten um die Krone, indem er nicht Otto IV., sondern Friedrich II. unterstützte. In diesem Fresko des italienischen Malers Giotto träumt Innozenz vom heiligen Franz von Assisi als Retter der Kirche.

Päpstliche Macht

Innozenz III., der 1198 zum Papst gewählt wurde, führte der Welt die Machtfülle seines Amtes vor Augen. Er begründete ein internationales Appellationsgericht für die christliche Welt und genehmigte die erste Sammlung des kanonischen oder Kirchenrechts. Er selbst nannte sich „Stellvertreter Christi“ und wies dem Papst einen Platz unter Gott, aber über allen Menschen zu. Mit dem 4. Laterankonzil berief er 1215 eine der wichtigsten Kirchenversammlungen des Mittelalters in Rom ein.

Dieser massive Goldring gehörte einem Papst des Mittelalters. Der Papst trug gewöhnlich den päpstlichen Ring und ein goldenes Kreuz.

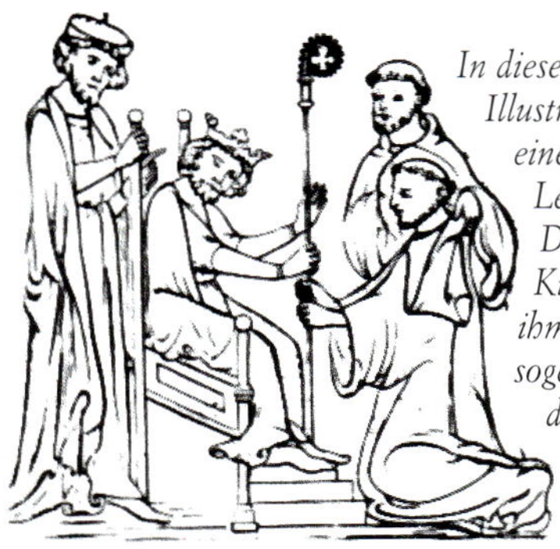

In dieser mittelalterlichen Illustration setzt ein König einen Abt in sein Amt als Leiter eines Klosters ein. Der Papst und andere Kirchenführer bestritten ihm das Recht der sogenannten Investitur, dass sie für sich allein beanspruchten.

Die Amtseinführung von Papst Klemens V. (1264-1314), der auf Betreiben König Philipps IV. von Frankreich ernannt wurde. 1309 verlegte Klemens die päpstliche Residenz von Rom nach Avignon in Südfrankreich, wo sie bis 1377 blieb.

Die Miniatur unten stellt eine Vision der deutschen Äbtissin Hildegard von Bingen (1098-1179) dar. Hildegard zeichnete nicht nur ihre Visionen auf, sondern verfasste auch medizinische Ratgeber und Werke über das Leben der christlichen Heiligen.

Die feudalen Königreiche von England und Frankreich

Im mittelalterlichen Europa teilten die Könige ihr Land unter den ranghöchsten Adeligen auf. Im Austausch gegen diesen Grundbesitz erwiesen die Edelmänner dem König ihre Referenz und erklärten sich zu dessen Vasallen. Sie versprachen dem König zu dienen und für diesen zu kämpfen, wann immer sie gebraucht wurden. Dafür konnten die so genannten „Kronvasallen" den Dienst der Ritter beanspruchen, die damit ebenfalls zu Vasallen wurden. Heute nennen wir dieses Arrangement, das während des 12. und 13. Jahrhunderts vor allem in Frankreich und England verbreitet war, Feudalsystem. An der Spitze der starken, zentralistisch ausgerichteten Regierungen standen die Könige. Mitunter brauchten diese für ein bestimmtes Vorhaben Unterstützung, woraufhin sie eine Versammlung von Adeligen, Bischöfen, Rittern und Stadtbewohnern einberiefen. Diese Zusammenkünfte stellten die Anfänge der heutigen Parlamente dar. Die Adeligen und andere stellten sicher, dass auch der König als ihr Oberhaupt den Gesetzen Folge leistete.

Die Anfänge des englischen Parlaments reichen bis ins 13. Jahrhundert zurück, als die Könige begannen, Adelige und Geistliche zu wichtigen Themen um Rat zu ersuchen. Im Jahr 1295 erweiterte König Eduard I. das aus einer solchen Ratsversammlung hervorgegangene Parlament, indem er aus jeder Grafschaft zwei Ritter und aus jeder Stadt zwei Vertreter zur Teilnahme an der Versammlung hinzuzog. Diese gewählte Volksvertretung erhielt später die Bezeichnung „Model Parliament" und war der Beginn des britischen Unterhauses, des House of Commons.

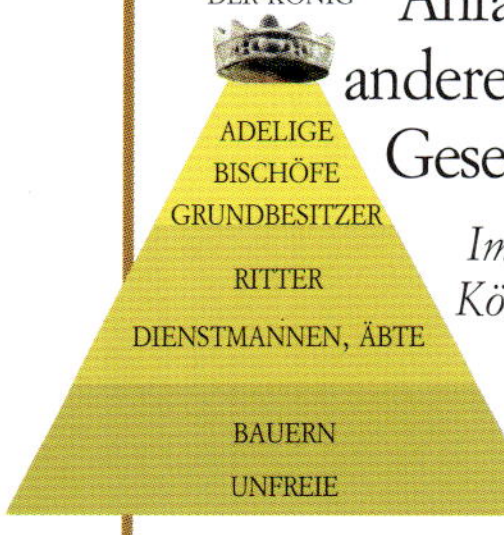

DIE FEUDALE PYRAMIDE

Im Tausch für die Zuteilung von Land verpflichtete sich der Edelmann seinem König und versprach, dessen treuer Diener zu sein. Auf diese Weise wurde der Adelige oder Lord zum Vasall des Königs. In einer öffentlichen Zeremonie, kniete der Adelige vor dem König nieder, um mit einem Treueeid die gegenseitige Treuepflicht zu besiegeln.

König Heinrich I. von England (1068-1135) gelang es, während seiner Amtszeit die Macht des Königshofes zu vergrößern. In dieser Miniatur (links) wird deutlich, wie gefährdet die Macht eines Königs allerdings war. Der Herrscher sieht sich in einem Alptraum von Bauern seines Landes, die mehr von ihm einfordern, bedroht.

Als König Johann I. ohne Land (1167-1216) im Jahr 1215 sein königliches Siegel (rechts) auf die Magna Charta (lateinisch für „große Urkunde der Freiheiten") setzte, erklärte er sich damit einverstanden, dass er die Gesetze Englands wie jedermann einhalten würde.

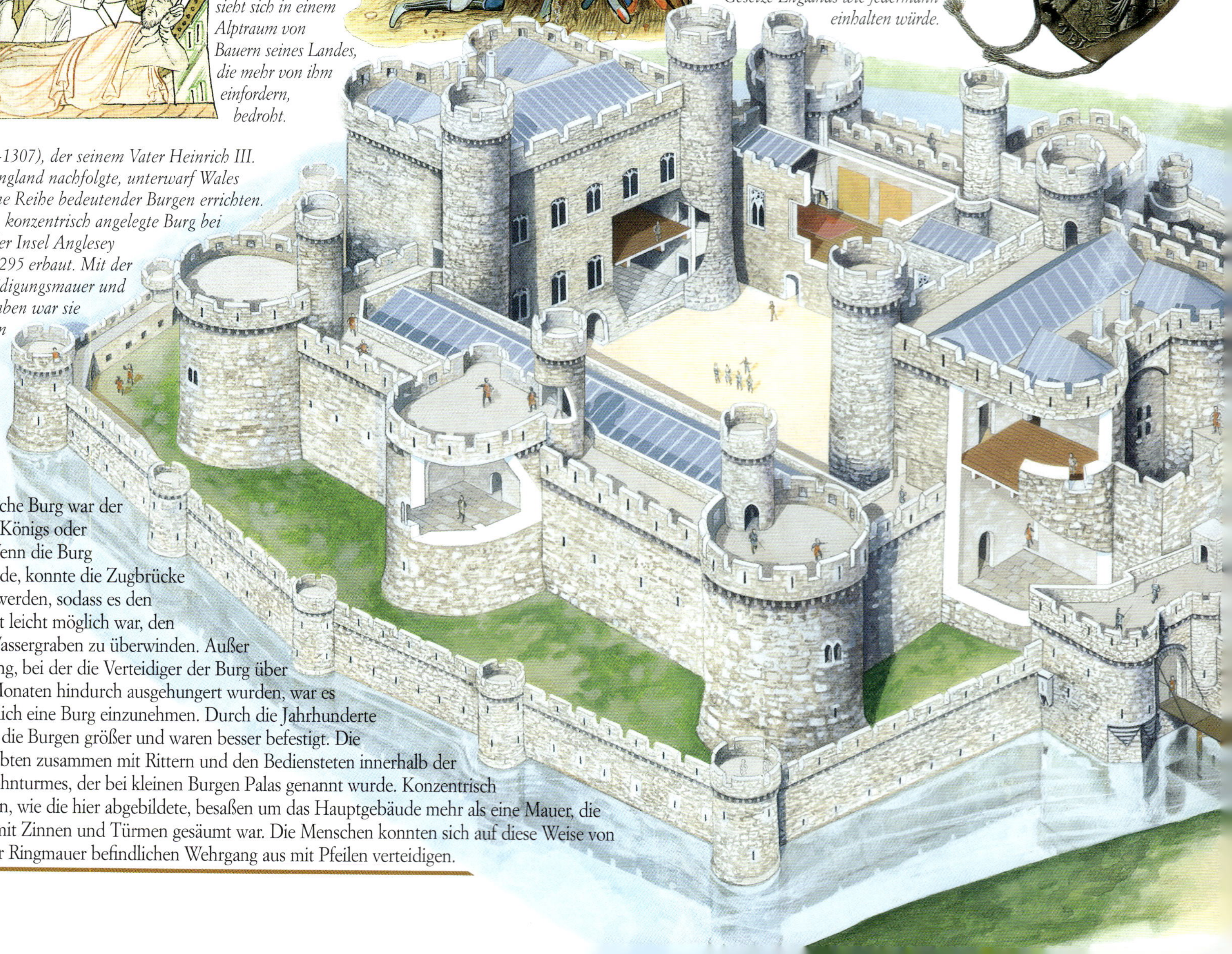

Eduard I. (1239-1307), der seinem Vater Heinrich III. als König von England nachfolgte, unterwarf Wales und ließ dort eine Reihe bedeutender Burgen errichten. Diese klassische, konzentrisch angelegte Burg bei Beaumaris auf der Insel Anglesey wurde im Jahr 1295 erbaut. Mit der doppelten Verteidigungsmauer und einem Wassergraben war sie äußerst gut gegen Angriffe geschützt.

Burgen

Die mittelalterliche Burg war der Wohnsitz eines Königs oder Edelmannes. Wenn die Burg angegriffen wurde, konnte die Zugbrücke heraufgezogen werden, sodass es den Angreifern nicht leicht möglich war, den umgebenden Wassergraben zu überwinden. Außer durch Belagerung, bei der die Verteidiger der Burg über Wochen oder Monaten hindurch ausgehungert wurden, war es beinahe unmöglich eine Burg einzunehmen. Durch die Jahrhunderte hinweg wurden die Burgen größer und waren besser befestigt. Die Adelsfamilien lebten zusammen mit Rittern und den Bediensteten innerhalb der Mauern des Wohnturmes, der bei kleinen Burgen Palas genannt wurde. Konzentrisch angelegte Burgen, wie die hier abgebildete, besaßen um das Hauptgebäude mehr als eine Mauer, die normalerweise mit Zinnen und Türmen gesäumt war. Die Menschen konnten sich auf diese Weise von dem sich auf der Ringmauer befindlichen Wehrgang aus mit Pfeilen verteidigen.

Diese Szene des Teppichs von Bayeux zeigt Wilhelm I. den Eroberer als thronenden König von England. Er wurde am Weihnachtstag des Jahres 1066 gekrönt, nur zehn Wochen nachdem sein Vorgänger König Harald in der Schlacht von Hastings getötet worden war.

Das „Domesday Book"

Wilhelm der Eroberer ordnete die Anlegung des Domesday Book (englisch für „Buch des Gerichtstags") an, um einen Überblick des Grundbesitzes in England zu gewinnen. Der König wollte allerdings nicht nur feststellen, wie viel Land er besaß, sondern auch den Wert des Grundbesitzes der anderen wissen, um Steuern eintreiben zu können. Königliche Beamte sammelten detaillierte Informationen von jedem Grundbesitz und dessen Eigentümer – die Anzahl seiner Einwohner, die Leistungen oder Renten, die sie schuldig waren, genauso wie die Anzahl der Pflüge, Mühlen oder der Fischfanggebiete.

Das Domesday Book wurde im Jahr 1086 angelegt, zwanzig Jahre nach der Eroberung Englands durch die Normannen.

Richard II.

Als Sohn des „Schwarzen Prinzen" (siehe S. 51), bestieg Richard (1367–1400) bereits im Alter von zehn Jahren den englischen Thron. Während der ersten Jahre seiner Amtszeit bestimmte ein Rat als sein Vormund die Geschicke des Landes. Später übernahm er die Regierungsgeschäfte und verhielt sich dabei zunehmend despotischer. So führte er ein neues Gesetz ein, das alle Bewohner über fünfzehn Jahre dazu verpflichtete, Steuer zu bezahlen. Diese willkürliche Maßnahme führte im Jahr 1381 zum berühmt gewordenen Bauernaufstand. Im Jahr 1399 wurde er von Heinrich IV. zur Abdankung gezwungen, der ihn in der Burg Pontefract einsperren ließ, wo er nur ein Jahr später starb.

Richard II. ließ sein Selbstporträt (oben) in der Westminster Abtei in London aufstellen, um jedermann daran zu erinnern, dass seine Macht von Gottes Gnaden sei.

Eine Jagdszene aus dem Palast der Normannen in Palermo.

Die Ermordung des Erzbischofs von Canterbury.

Becket und sein König

Thomas Becket, um 1118 geboren, wurde im Jahr 1154 Kanzler König Heinrichs II. Acht Jahre später ernannte dieser Becket zum Erzbischof von Canterbury, der damit zum mächtigsten englischen Geistlichen aufstieg. König Heinrich und der Erzbischof begannen, über die Macht der Monarchie gegenüber der der Kirche zu streiten. Heinrich verfolgte die Durchsetzung seiner eigenen Gesetze und Gerichte, und als Becket dem nicht zustimmen wollte, stellte der König die Frage, ob es denn niemanden gäbe, der diesen Geistlichen, der „nur Ärger mache", loswerden wolle. Daraufhin stahlen sich vier Ritter vom Hofe Heinrichs fort und ermordeten Becket in der Kathedrale von Canterbury. Drei Jahre später erklärte die Kirche Thomas Becket zum Heiligen.

Die Normannen in Sizilien

Die Normannen eroberten die Insel im späten 11. Jahrhundert und Roger II. wurde im Jahr 1130 König von Sizilien. Sein Hof war ein bedeutendes Zentrum sowohl christlicher als auch muslimischer Gelehrter. Am Ende des 12. Jahrhunderts war Sizilien der reichste und am weitesten entwickelte Staat in Europa.

Die Könige Frankreichs trugen die so genannte „Hand der Gerechtigkeit" als Symbol dafür, dass das Gesetz des Landes in ihrer Hand lag.

Der legendäre Robin Hood.

Robin Hood

Einer mittelalterlichen Legende zufolge war Robin Hood ein Geächteter, der mit einer Schar treuer Anhänger in Sherwood Forest, einem Waldgebiet in Mittelengland lebte. Robin und seine Bande verbrachten die meiste Zeit damit, den Hirschen des Königs zu jagen, ihre Fertigkeiten als Bogenschützen zu erproben – und die Reichen zu berauben, um die Beute an die Armen zu verteilen. Robins größter Feind war der Sheriff von Nottingham, der das Gesetz in jener Grafschaft vertreten sollte, der jedoch ungerecht war und die armen Leute schlecht behandelte. Ob der legendäre Gesetzlose tatsächlich existiert hat, bleibt ungewiss, erstmals wurde er jedoch im Jahr 1377 in einer Geschichte erwähnt.

ENGLAND UND FRANKREICH IM JAHR 1300

Im Jahr 1297 lud Philipp IV. (1268-1314), König von Frankreich, der wegen seines guten Aussehens den Beinamen „der Schöne" trug, König Eduard I. von England zu einem Besuch ein. Obwohl die beiden Herrscher Krieg gegeneinander geführt hatten, war Eduard als Herzog von Aquitanien auch ein Vasall Philipps. Sie begruben ihre lange andauernde Fehde, als Eduards Sohn im Jahr 1308 die Tochter Philipps zur Frau nahm.

Das Siegel der Stadt Conwy, im Norden von Wales. Diese befestigte Stadt wurde von König Eduard I. von England im Jahr 1283 gegründet, nachdem er in Wales eingefallen war. Die Burg von Conwy hat die Jahrhunderte überdauert, und heute kann die Stadt auf etwas mehr als 13 000 Einwohner blicken.

Das Wachstum der Städte

Während des Mittelalters nahm die Größe und die Bedeutung der Städte erheblich zu, obwohl sie uns heutzutage eher als Kleinstädte erscheinen würden. Sie waren von schützenden Mauern umgeben und konnten sich daher nur bis zu einer bestimmten Größe ausdehnen. Die Lebensbedingungen in einer Stadt waren nicht besonders angenehm, aber es gab viele Gründe, weshalb die Menschen sich aufmachten, um dort zu leben. Viele hofften in den Städten eine Arbeit zu finden. Händler siedelten sich in den Städten an, um Geschäfte zu eröffnen, und auch Anwälte und Bankiers ließen sich dort mit Kanzleien nieder. Hausierer und fahrende Musikanten zogen von einer Stadt in die nächste, um auf diese Weise ihren Lebensunterhalt zu verdienen. Alle diese Menschen benötigten Nahrung und Kleidung, so eröffneten Metzger, Bäcker, Schneider oder Schuhmacher ihre Geschäfte und konnten auch bald Leute anstellen. Die Städte erhielten auch Regierungen, deren Aufgaben von Stadträten und Bürgermeistern übernommen wurden. Viele Menschen zogen das Leben in der Stadt dem auf dem Land vor, da sie dort innerhalb des Feudalsystems zur Treue gegenüber ihrem örtlichen Lehnsherrn verpflichtet waren und somit in großer Abhängigkeit lebten.

Das Leben in einer mittelalterlichen Stadt war sehr geschäftig, Menschen kamen und gingen, um die Geschäfte und insbesondere den Markt zu besuchen. Leute von außerhalb der Städte boten ihre Waren zum Verkauf an, und die schmalen Gassen waren voll von Hausierern. Die Tore der Stadt wurden im Morgengrauen geöffnet und bei Dämmerung geschlossen, nicht selten mussten die Händler beim Passieren eine Gebühr entrichten.

Handelsvereinigungen, die so genannten Gilden, wurden in den mittelalterlichen Städten ins Leben gerufen. Jede dieser Gilden war für einen bestimmten Handelszweig oder ein Handwerk zuständig, und zu ihren Funktionen gehörte es, die Preise und den Qualitätsmaßstab der Arbeit festzulegen. Hier sind die Embleme der Bäcker- und der Schneidergilde abgebildet.

Das Erlernen eines Handwerks

Ein junger Mensch benötigte lang, um ein Handwerk zu erlernen, und noch länger dauerte es, bis er Mitglied einer Gilde werden konnte. Im Alter von etwa sieben Jahren konnte ein Junge von einem Handwerker wie beispielsweise diesem Böttcher (unten), als Auszubildender angenommen werden. Zunächst durfte der Junge dem Meister bei dessen Arbeit nur zusehen und allenfalls niedere Dienste verrichten, wie Besorgungen machen oder die Werkstatt sauber halten. Nach sieben Jahren Ausbildung wurde er zum Gesellen, der auszog, um bei anderen Meistern weitere Erfahrung zu sammeln. Ein paar Jahre danach stellte der Geselle schließlich eines seiner Werke, das so genannte „Meisterstück“ vor und wurde, sofern die Arbeit gut genug war, in eine Gilde aufgenommen.

Die Kathedrale von Chartres in Frankreich ist berühmt für ihre Glasfenster aus dem 13. Jahrhundert. Dieses zeigt Stoff- und Pelzhändler bei ihrer Arbeit; es wurde von den Gilden gespendet. Stoffhändler verkauften viele veschiedene Arten von Textilien.

Dieser mittelalterliche Schlachter ist auf einem Glasfenster der Kathedrale Notre-Dame in Paris dargestellt. Im Mittelalter hielten Schlachter und andere Ladenbesitzer nicht sehr viel auf Hygiene, und wir wären heutzutage beim Anblick dieser Läden wahrscheinlich entsetzt.

Städte konnten bei Dunkelheit sehr gefährlich werden. Es gab keine Straßenbeleuchtung, aber Nachtwächter drehten mit Laternen (rechts) ihre Runden und sorgten auf diese Weise für etwas Sicherheit. Die meisten Menschen arbeiteten während des Tages sehr hart, sodass sie froh waren, in der Nacht im Haus bleiben und schlafen zu können.

Diese Illustration (rechts) zeigt einen Edelmann, der von drei Männern getötet wird. Wohlhabende Mitglieder der Gesellschaft stellten normalerweise sicher, dass sie von einem starken Diener hinter sich beschützt wurden.

Feuer!
Wohlhabende Leute lebten in Stein- oder Backsteinhäusern, die meisten Leute aber in Holzhäusern. Laternen und Kerzen und auch das Kochen auf offenem Feuer stellten ein hohes Brandrisiko dar. Wenn ein Feuer in einer Stadt ausgebrochen war, breitete es sich rasch aus und das Löschen gestaltete sich als schwierig, da Wasser oft nicht frei verfügbar war. Die französische Stadt Rouen brannte zwischen 1200 und 1225 sechsmal bis auf die Grundmauern nieder.

Kriminelle wurde vor örtliche Gerichte gebracht und die Schuldigen wurden hart bestraft. Schwere Verbrechen bezahlte man mit dem Tod – die Hinrichtung erfolgte durch Erhängen (rechts), Enthaupten oder Verbrennen auf dem Scheiterhaufen. Für kleinere Verbrechen wurde man durch die Straßen geschleift, ausgepeitscht oder man kam in den so genannten Stock.

Im Stock
Die Bestrafung für kleinere Verbrechen lag darin, die Delinquenten lächerlich zu machen. Frauen wurden für zu viel Geschwätz in einem Karren auf den Marktplatz gestellt, wo sie von den Leuten mit Dingen beworfen werden konnten. Andere kamen in den Stock – einen hölzernen Rahmen mit Löchern für die Beine und manchmal auch für die Arme. Je nach Verbrechen wurden die Schuldigen zwischen einigen Stunden und mehreren Tagen im Stock eingeschlossen. Die Stadtbewohner bewarfen sie dann spaßeshalber mit Abfällen, verfaultem Obst oder gar Steinen.

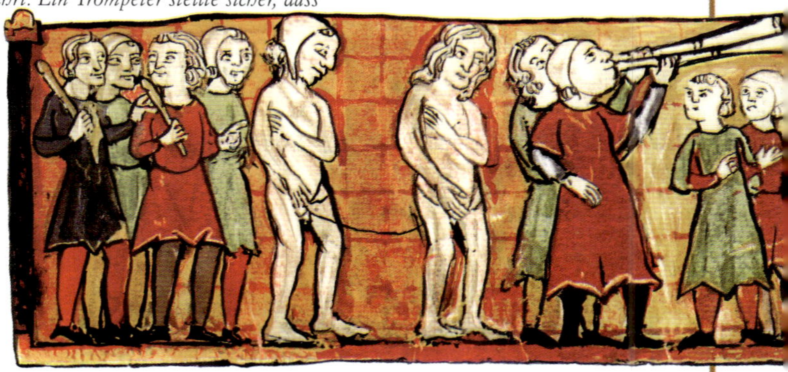

Menschen, die eines Verbrechens angeklagt waren, wurden im Mittelalter in besonderer Weise der Öffentlichkeit preisgegeben. Die beiden auf dieser Illustration des 12. Jahrhunderts werden völlig unbekleidet durch die Straßen geführt. Ein Trompeter stellte sicher, dass die Stadtbewohner dem unglückseligen Paar einen äußerst unangenehmen und demütigenden Gang zum Gericht, Gefängnis oder sogar zu ihrer Hinrichtung bereiteten.

Die menschlichen Ausscheidungen stellten in mittelalterlichen Städten ein Problem dar, da es noch kein Kanalisationssystem gab. Diese Abbildung aus dem 15. Jahrhundert zeigt, dass einige Häuser eine primitive Toilette vor der Tür hatten. Sie stammt aus dem Decamerone von Giovanni Boccaccio (1313-1375), einer Geschichtensammlung über junge Leute, die im Jahr 1348 vor der Pest in Florenz fliehen.

In mittelalterlichen Städten war es schmutzig und es stank fürchterlich. Die Leute warfen ihre Abfälle aus den Fenstern auf die Straße und entleerten so auch ihre Nachttöpfe. Der Stadtrat bezahlte jemanden, der den Unrat in einem Karren sammelte und ihn vor die Stadtmauern brachte. Entlang einiger Straßen gab es Abflussgräben, in denen es von Ratten nur so wimmelte. All das begünstigte die Ausbreitung von Seuchen.

Diese Karte zeigt die wichtigsten mittelalterlichen Städte Europas. Später spezialisierten sich viele Städte auf einen bestimmten Erwerbszweig und ihre Größe nahm zu. Einige Städte aus dem Mittelalter existieren noch heute, sind aber relativ klein.

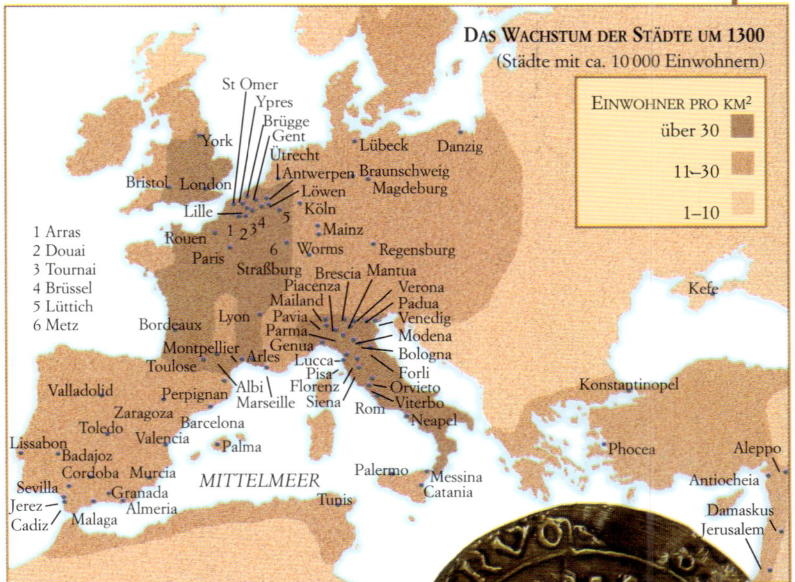

Uhren
Die ersten mechanischen Uhren wurden vermutlich im späten 11. Jahrhundert in China erfunden. Etwa 200 Jahre später machten auch die Europäer Uhren, die von Gewichten angetrieben zu jeder Stunde schlugen. Diese um 1390 gebaute Uhr (unten) zeigte die Zeit in der Kathedrale von Wells in England an. Während des Tages orientierten sich die Menschen an der Sonne, aber Uhren wie diese waren besonders in der Nacht wichtig. Der stündliche Glockenschlag zeigte den Mönchen die Zeit zum Gebet an. Schon kurze Zeit danach erhielten die Uhren Ziffernscheibe und Stundenzeiger.

Diese Zeichnung mit der Funktionsweise einer Wasserpumpe wurde 1203 in Konstantinopel, der Hauptstadt des byzantinischen Reiches, angefertigt. Mit dem Anstieg der Bevölkerung stieg auch der Bedarf an frischem Wasser in den mittelalterlichen Städten. Wenn die Leute keinen Zugang zu einem Brunnen hatten, versorgten sie sich mit Wasser aus dem nächst gelegenen Fluss. Es gab auch Wasserverkäufer, die frisches Wasser in der Stadt anboten.

Dieses Siegel – jede Stadt hatte im Mittelalter ihr eigenes – stammt aus der französischen Stadt Limoges aus dem Jahr 1303. Ursprünglich war Limoges eine Römersiedlung, die sich dann zu einer Station der Pilger auf ihrem Weg in den spanischen Ort Santiago de Compostela entwickelte *(siehe Seite 25).*

Architektur

Während des 10. Jahrhunderts entstand in Europa ein neuer Baustil, der im Laufe der nächsten 300 Jahre zu höchster Vollendung gelangte. Kunsthistoriker bezeichnen ihn als Romanik, weil er auf der römischen Architektur beruht, aber er enthält auch karolingische und byzantinische Einflüsse. Die bedeutendsten romanischen Bauwerke waren Kirchen mit massivem Mauerwerk, dichten Säulenreihen, Rundbögen und kleinen Fenstern, die ein wenig an Burgen erinnerten. Mit zunehmender Erfahrung gingen die Baumeister des Mittelalters dazu über, höhere und zierlichere Gotteshäuser zu errichten, und bis zum 12. Jahrhundert hatte sich ein neuer Stil entwickelt, den wir Gotik nennen. Die neuen gotischen Kathedralen hatten weniger massive, hoch aufstrebende Mauern, große Fenster, Spitzbögen und Türme und waren reich mit Buntglas, Reliefs und Skulpturen verziert. Die Gotik fand solchen Anklang, dass sie bis zum Ende des Mittelalters die kirchliche und weltliche Baukunst prägte.

Dieses dämonische Wesen (oben) gehört zu den Wasserspeiern der Kathedrale Notre-Dame in Paris, die zwischen 1163 und 1250 errichtet wurde. In der Gotik war es üblich, mit solchen grotesk gestalteten Ausguss-Steinen das Regenwasser vom Dach eines Bauwerks in einem weiten Strahl zum Boden abzuleiten.

Das Brechen und Behauen der Steine erforderte viel Geschick. Dazu benutzten die Maurer ein robustes Stemmeisen (links) und einen Holzhammer. Kleine Kerben erleichterten das Einpassen sowie das Markieren von Krümmungen.

Markgraf Ekkehart und seine Gemahlin Uta gehören zu den berühmten Stifterfiguren im Naumburger Dom. Die Bildhauer des 13. Jahrhunderts schufen fast ausschließlich Werke der kirchlichen Kunst.

Im 13. Jahrhundert verdrängen faszinierend lebensechte Bildwerke die bis dahin eher starren Skulpturen der Romanik. Diese Statue des Markgrafen Ekkehart (links) wurde für den Naumburger Dom geschaffen.

Die Baumeister ließen Holzgerüste errichten, auf denen die Steinmetze arbeiteten. Eine Winde, deren Seil mit Hilfe eines großen hölzernen Tretrades aufgespult wurde, zog die schweren Steinblöcke in die Höhe.

Der Bau einer gotischen Kathedrale

Obwohl bei der Errichtung einer mittelalterlichen Kathedrale Hunderte von Maurern, Zimmerleuten und anderen Handwerkern mitwirkten, dauerte es meist viele Jahre, ehe sie vollendet war. Ein erfahrener Baumeister fertigte die Pläne an und übernahm die Leitung der Arbeiten. Zunächst stellte man Holzgerüste auf, zum einen als Arbeitsbühnen, zum anderen als Stützrahmen für einen Teil des Mauerwerks. Steinmetze schnitten und behauten die Blöcke, Taglöhner schleppten sie nach oben, geübte Maurer passten sie ein, und Bildhauer verzierten sie mit Ornamenten.

Malerei und Plastik

Die romanischen Kirchen mit ihren kleinen Fenstern hatten genügend Wandflächen zur Verfügung, die mit biblischen Szenen und Heiligenlegenden ausgeschmückt wurden. Leider blieben diese Wandmalereien oder Fresken nur vereinzelt bis in die Gegenwart erhalten. In der Bildhauerkunst der Romanik finden wir vor allem die Reliefplastik, bei der die Figuren nur teilweise aus dem Hintergrund herausgearbeitet sind. Ab dem 12. Jahrhundert entfaltete sich der gotische Stil: Die anmutigen Skulpturen sind lang gestreckt wie die Säulen und Eingangsportale der Kirchen, die sie schmücken, und strahlen eine neue Kraft und Lebendigkeit aus.

Die Bauwerke auf der „Piazza dei Miracoli" in Pisa entstanden in einem Zeitraum von mehr als 200 Jahren. Der kreuzförmige Dom im romanischen Stil wurde 1063, der Rundbau des Baptisteriums und der Campanile (Glockenturm) im 12. Jahrhundert und der Camposanto im 13. Jahrhundert begonnen. Sämtliche Bauwerke sind mit weißem Marmor verkleidet. Bei dem Campanile handelt es sich um den berühmten „schiefen Turm von Pisa", der sich wegen des instabilen Untergrunds bereits während der Bauzeit zu neigen begann und heute um mehr als fünf Meter von der Senkrechten abweicht.

Der französische Bildhauer Gislebertus schuf im 12. Jahrhundert fast den gesamten Skulpturenschmuck der Kathedrale von Autun. Viele davon sind hervorragend erhalten, weil sie im 18. Jahrhundert überdeckt wurden.

Diese Kirche im englischen Kilpeck entstand um 1140 – nur knapp hundert Jahre nach der Eroberung der Insel durch die Normannen. Der Stil des aufwendig verzierten Südportals, das viele skandinavische Motive enthält, wird in der Kunstgeschichte als hochromanisch bezeichnet.

Die Kathedrale von Burgos in Spanien wurde 1221 begonnen und in den nächsten drei Jahrhunderten mehrfach erweitert. Die filigranen gotischen Türme entstanden im 15. Jahrhundert.

Eines der wichtigsten Stilelemente mittelalterlicher Kirchen waren Buntglas-Fenster. Man fügte kleine Stücke farbigen Glases mit Hilfe von Bleibändern zu mosaikähnlichen Bildern zusammen – meist Bibelszenen, die lebendig zu werden scheinen, sobald Licht durch die Fenster einfällt. Die ältesten noch erhaltenen Glasfenster stammen aus dem 12. Jahrhundert. Berühmt ist die Kathedrale von Chartres in Frankreich. Sie besitzt mehr als 150 Buntglas-Fenster, die zum Teil bis ins 13. Jahrhundert zurückgehen.

Dieses Relief wurde im 12. Jahrhundert über dem Portal der Kathedrale St. Trophime im südfranzösischen Arles eingemeißelt. Es zeigt Christus, umgeben von den Symbolen der Evangelisten Matthäus, Markus, Lukas und Johannes.

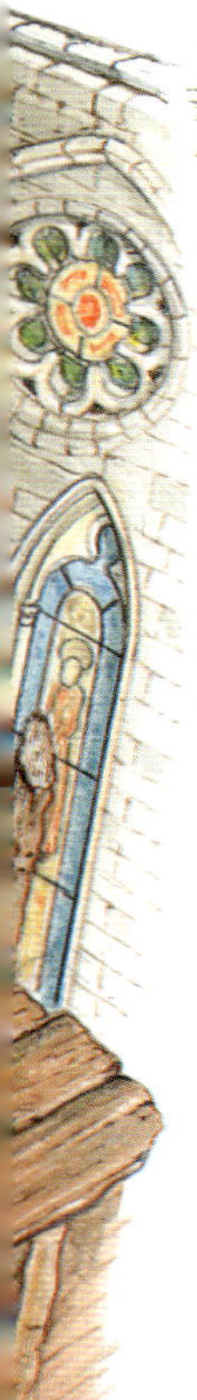

Diese Szene mit den drei Weisen aus dem Morgenland, die dem Jesuskind ihre Gaben darbringen, gehört zu einer aus dem 6. Jahrhundert stammenden Gruppe von Mosaiken in der Kirche Sant'Apollinare Nuovo in Ravenna.

Mit dem wachsenden Wohlstand des Bürgertums erobert die Gotik vom 14. Jahrhundert an auch weltliche Prunkbauten wie Gildehallen und Rathäuser. Das Rathaus im mittelalterlichen Bamberg wurde 1453 auf einer Insel der Regnitz errichtet, die zum „bürgerlichen" Teil der Stadt gehörte. Auf der anderen Seite des Flusses befand sich das „geistliche" Bamberg.

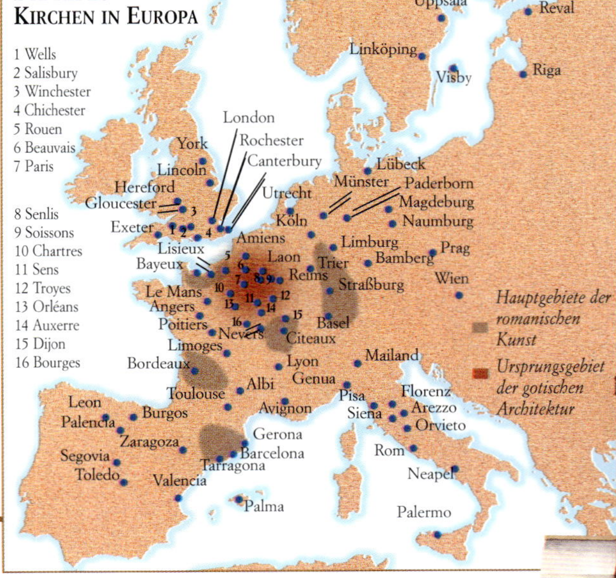

Gotische Architektur

In Frankreich entstanden die ersten gotischen Bauwerke bereits 1137 (Abteikirche St. Denis) und 1163 (Kathedrale Notre-Dame). Doch der Begriff Gotik kam erst Jahrhunderte später auf und wurde zunächst abwertend im Sinne von „barbarisch" oder „nicht antik" verwendet – von Künstlern, die zum schlichteren klassischen Stil zurückkehren wollten.

Unten: Bodiam Castle in Sussex wurde 1385 als Festung gegen eine mögliche Invasion der Franzosen errichtet. Die Anlage mit dem quadratischen Innenhof ist eine der am besten erhaltenen spätmittelalterlichen Wasserburgen in England.

Dieses Relief zeigt die Rückkehr der Bevölkerung in die Stadt Mailand, die 1162 vom Kaiser des Heiligen Römischen Reiches Friedrich Barbarossa eingenommen worden war.

Lombardischer Bund

Als im Jahr 1167 einige Städte der Lombardei, darunter Mailand, Cremona und Pavia, einen Bund zur gegenseitigen Unterstützung schlossen, konnten sie auf die Zustimmung des Papstes zählen. Sie kämpften gegen die Vorherrschaft des Stauferkaisers Friedrich Barbarossa. 1176 besiegte der Bund bei Legnano die Armee Friedrichs, der sich daraufhin gezwungen sah, die Freiheit der Stadtstaaten anzuerkennen.

Die italienischen Stadtstaaten

Im frühen 11. Jahrhundert setzte in den rasch anwachsenden norditalienischen Städten eine rasante Entwicklung ein. Sie wurden zu Zentren des Handels und Geldverkehrs und häuften Reichtümer an, die die Entstehung unabhängiger Stadtstaaten förderten. Die größten und einflussreichsten Städte waren Florenz, Mailand und Venedig. Diese neuen Republiken, zu denen auch die Anbaugebiete außerhalb der Stadtmauern gehörten, rivalisierten um die Vormachtstellung und führten Krieg gegeneinander. Auch innerhalb der Städte kam es zu heftigen Machtkämpfen. Die deutlichste Trennung gab es zwischen der Partei der Guelfen und der Ghibellinen. Die Guelfen unterstützten die Oberherrschaft des Papstes, während die Ghibellinen Befürworter einer umfassenden Macht des Kaisers waren. Traditionellerweise unterstützten die Städte die eine oder andere Partei, was weitere Konflikte hervorrief, die die Stadtstaaten schwächten. Dessen ungeachtet trugen die Städte zur kulturellen Blütezeit der Renaissance bei, die im 14. Jahrhundert in Italien anbrach.

Im 13. Jahrhundert rettete der adelige Anführer der Ghibellinen, Farinata degli Uberti (links oben), Florenz vor der vollständigen Zerstörung, nachdem seine Partei die florentinischen Guelfen besiegt hatte.

Der Anführer des sienesischen Heeres, Guidoriccio da Fogliano, war Söldner. Die rivalisierenden Stadtstaaten heuerten häufig Sodaten an, die gegen Lohn in Kriegsdienst traten, auch viele aus dem Ausland.

Um das Jahr 1200 hatte Florenz (oben) 30 000 Einwohner. Ein Jahrhundert später war diese Zahl auf 100 000 angestiegen. Florentinische Arbeiter entwickelten neue Methoden der Tuchveredelung, während erfolgreiche Bankiers der Stadt zu großem Wohlstand verhalfen.

Kaufleute und Bankiers verhalfen den italienischen Stadtstaaten, insbesondere Florenz, zu großem Reichtum.

Der berühmte Goldgulden wurde erstmalig 1252 in Florenz geprägt. Er entwickelte sich zu einer wichtigen Währung für den Handel in ganz Europa. Die Lilie ist das Symbol von Florenz. Auf der anderen Seite der Münze war der Schutzheilige der Stadt, Johannes der Täufer, abgebildet.

Dieses „Löwenmaul" befand sich im Sitzungssaal des Rates der Zehn in Venedig. Beschuldigungen gegen Personen konnten durch das Maul anonym eingereicht werden.

Die Dogen von Venedig trugen einen ungewöhnlichen Hut aus gold- und silberdurchwirktem Stoff. Der Doge wurde von den reichsten und mächtigsten Familien Venedigs gewählt. Die Stadtbewohner schränkten nach 1032 die Macht des Dogen ein, indem sie ihm Beamte an die Seite stellten.

Genua und Venedig

Die Stadt Genua war – wie Venedig – ein wichtiger Hafen und eine führende Seemacht. Im 12. Jahrhundert baute Genua ein ausgedehntes Handelsnetz auf, das bis nach Konstantinopel, Syrien und Tunis reichte. Auf dem Höhepunkt seiner Macht ein Jahrhundert später beherrschte Genua den zentralen Mittelmeerraum, einschließlich der Inseln Korsika und Sardinien. Es gab eine Reihe von Kriegen mit der rivalisierenden Stadt Venedig, der es 1380 in einem Seekrieg gelang, Genua zu besiegen.

Links: Auf dem Textilmarkt in Bologna wimmelte es von Werkstätten, Geschäften und Verkaufsständen. Von den 180 mittelalterlichen Türmen der Stadt sind zwei aus dem 12. Jahrhundert noch erhalten.

Rat der Zehn

Der Rat der Zehn wurde 1310 in Venedig zur Wahrung der Staatssicherheit ins Leben gerufen. Es waren zehn mächtige Männer, die im Dogenpalast tagten und über das Schicksal von Staatsverrätern entschieden. Eine Tür verband den Sitzungssaal mit dem Zimmer des Inquisitors, von wo aus die Täter in das Gefängnis oder die gefürchtete Folterkammer gebracht wurden.

Ein venezianischer Dukaten (unten) aus dem Mittelalter. Venezianische Kaufleute trieben im ganzen Mittelmeer Handel und brachten viel Geld in die Stadt.

Der ursprüngliche Dogenpalast in Venedig wurde bei einem Aufstand 976 zerstört. Die neue Residenz für das Oberhaupt der Stadt wurde im frühen 14. Jahrhundert erbaut.

Links: Der schlanke Backsteinturm des Palazzo Pubblico am zentralen Platz von Siena wurde 1348 fertig gestellt. Er ist 87 Meter hoch und sollte die Macht der Stadt weithin verkünden. Siena führte einen langen Krieg gegen seinen großen toskanischen Gegner Florenz.

Die unabhängigen Kaufleute und Händler verhalfen den Städten zu immer größerem Reichtum. Unten sind ein Handwerker und ein Arbeiter zu sehen, die als Bedienstete der Stadt Siena ihren Lohn erhalten.

Ambrogio Lorenzetti (ca. 1285–1348) malte im Palazzo Pubblico in Siena das große Fresko „Allegorie der guten Regierung" mit der Stadtansicht des mittelalterlichen Siena (unten).

Kaufleute und Bankiers

Ab dem 12. Jahrhundert legten Kaufleute und Händler weite Strecken auf den Handelsrouten zurück, welche die rasch wachsenden europäischen Städte miteinander verbanden. Wertvolle Güter aus Asien und Afrika trafen in den großen italienischen Häfen von Venedig und Genua ein, von wo aus sie in Frachtschiffen zu den Städten Nordeuropas weitertransportiert wurden. Italienische Handelshäuser übernahmen als Erste die Funktionen von Banken, indem sie Kredite ausgaben und den Händlern Geld liehen. Dadurch mussten die Händler nicht länger ihre Wertsachen bei sich führen und waren einem geringeren Risiko ausgesetzt, überfallen und beraubt zu werden. In den Städten und Zentren bildeten sich Handelsvereinigungen. Jeder dieser Verbände, die Gilden genannt wurden, beaufsichtigte einen bestimmten Handelszweig oder ein bestimmtes Handwerk. Es legte die Preise und den Qualitätsstandard fest und stellte außerdem sicher, dass Außenseiter den Wettbewerb nicht beeinträchtigen konnten. Mit finanzieller Unterstützung von Bankiers, die dabei sehr reich wurden, bereisten die Händler des Mittelalters bald den ganzen europäischen Kontinent.

Der magnetische Kompass erleichterte den Seeleuten das Navigieren. Eine erste, einfache Ausführung eines Kompasses wurde von chinesischen Seefahrern des Mittelmeeres bereits um 1100 verwendet. Um das Jahr 1300 zeigte der gebräuchliche Kompass bereits 32 verschiedene Himmelsrichtungen an.

Handelswege

Die meisten Handelsreisen beanspruchten sehr viel Zeit. Eine Reise von Venedig nach London beispielsweise dauerte in der Regel vier Wochen, nach Lissabon sogar sieben Wochen, und nach Damaskus, der Hauptstadt des heutigen Syrien, brauchte man zwölf Wochen. Wertvolle Luxusgüter wie Seide, Jade und Porzellan benötigten sogar noch länger, um auf dem Landweg von China nach Europa zu gelangen, während Gewürze per Schiff aus Südostasien eingeführt wurden. Gold aus Afrika wurde von arabischen Händlern über die weiten Sandflächen der Wüste Sahara gebracht. Mit der Errichtung von festen Handelsstationen und regelmäßigen Märkten wuchsen auch die Städte sehr rasch.

Diese Skulpur eines geflügelten Löwen befindet sich an der Fassade eines venezianischen Palastes. Venedig galt im mittelalterlichen Europa als wichtigster Handelshafen. Es ist der Löwe von Sankt Markus, dem Schutzheiligen der Stadt.

Diese Miniatur zeigt Kaufleute bei ihrer Ankunft in einem Hafen am Persischen Golf. Wie zu sehen ist, haben sie bereits einen Elefanten und Kamele an Bord. Im Mittelalter war die islamische Welt Arabiens bei den Händlern berühmt für Glas, Metalle und Teppiche.

Stoffe wurden mit Farbstoffen gefärbt, die aus Pflanzen gewonnen wurden: Die blaue Farbe gewann man aus Färberwaid, den roten Farbstoff aus Krapp. Die bunt gefärbten Stoffballen wurden in Geschäften zum Verkauf angeboten.

Aus Afrika und Asien importierte man Elfenbein nach Europa. Auf diesem Elfenbein-Kamm aus Frankreich ist die biblische Geschichte der heiligen Susanna aus dem Alten Testament eingraviert.

Die Rinde des Zimtbaumes wurde von Indien auf dem Landweg nach Europa gebracht, um zu Gewürz verarbeitet zu werden. Die Rinde wurde getrocknet, zu Stangen gerollt oder zu Zimtpulver gemahlen.

Diese chinesischen Damen bügeln ein Stück neugewebter Seide. Die Seide wurde, wahrscheinlich schon einige tausend Jahre bevor sie nach Europa kam, im antiken China entdeckt. Im Mittelalter war Seide ein sehr wichtiges Handelsgut.

Kaufleute und Bankiers verwendeten kleine tragbare Waagen, um das Gewicht der Münzen auszuwiegen, die meist aus Silber waren. Das Wiegen des Metalles war unerlässlich, um den Wert einer Münze festzustellen. Auf diese Weise konnten verschiedene Währungen einfach miteinander verglichen werden und der Betrug wurde schwieriger.

Auf dieser Miniatur wird die Ankunft von Handelschiffen im Hafen der Stadt Hamburg dargestellt.

Die hier abgebildete Silbermünze (unten, rechts) wurde um 1180 im italienischen Trient geprägt. Die Goldmünze aus späterer Zeit stammt ebenfalls aus Italien. Die ersten Goldmünzen seit dem römischen Reich wurden im 13. Jahrhundert in Florenz geprägt.

Das Siegel der Stadt Kiel, an der Nordküste Deutschlands gelegen, zeigt ein typisch hanseatisches Handelsschiff, das Kogge genannt wird. Dieses besondere Siegel aus dem Jahr 1436 wurde dazu verwendet, ein Dokument abzustempeln.

Diese Karte zeigt die wichtigsten Städte der Hanse sowie andere wichtige Handelszentren.

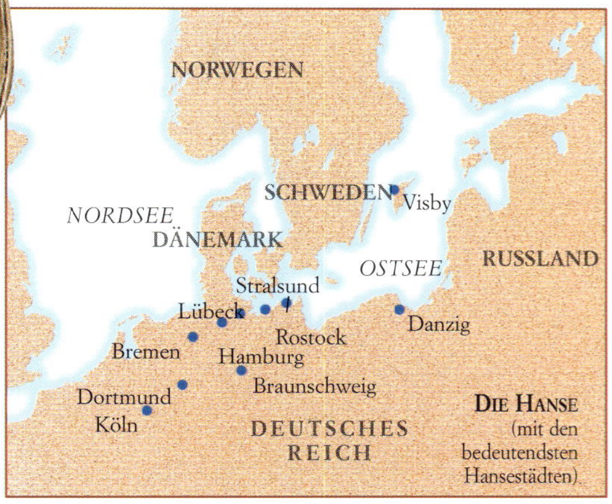

Die Handwaagen wurden auch dazu verwendet, um Güter abzuwiegen. Dieser Gemüse- und Brothändler und sein Kunde tun dies sehr sorgfältig. Jeder Bäcker, der für schuldig befunden wurde, sein Brot unter dem handelsüblichen Gewicht zu verkaufen, musste damit rechnen, dass man ihn mit einem Brotlaib um den Hals gebunden durch die Straßen zog. Die Menschen im Mittelalter waren sich des Wertes jeglicher Dinge, Nahrungsmittel eingeschlossen, sehr bewusst.

Die Hanse

Im 13. Jahrhundert begannen sich die Handelsstädte entlang der Nordsee und der baltischen Küste zusammenzuschließen, um ihre gemeinsamen Interessen besser schützen zu können. Die Stadt Hamburg war mit ihrem Hafen (oben) ein bedeutendes Mitglied dieser Verbindung, die nach einem alten deutschen Wort, das „Genossenschaft" bedeutet, „Hanse" genannt wurde. Um die Mitte des 14. Jahrhunderts schloss die Hanse alle größeren deutschen Städte ein, und um 1400 zählten bereits 160 Städte in Nordeuropa zu ihren Mitgliedern. Die Hauptversammlungen wurden in Lübeck abgehalten, wo regelmäßig besprochen wurde, wie man gemeinsam den ausländischen Handel kontrollieren oder der Gefahr von Piraten und Banditen entgegenwirken könnte. Weigerte sich eine Stadt, sich der Liga anzuschließen, war es für deren Kaufleute fortan unmöglich, ihre Waren in Gewinn bringenden Märkten abzusetzen. Der Hanse gelang es, den Pelzhandel mit Russland, den Fischhandel mit Norwegen und Schweden sowie den Wollhandel mit Belgien zu kontrollieren. Die Mitglieder der Liga erließen auch eine Vielzahl von Handelsgesetzen, um ihre Interessen gegenüber anderen zu schützen. Die Hanse bestand als einflussreiche Macht bis zum Jahr 1669.

Ein typisches Kaufmannshaus in der belgischen Stadt Brügge, die zwischen 1250 und 1500 eine der wichtigsten Handelsstädte Europas war. Kaufleute in Brügge unterhielten Handelsbeziehungen sowohl mit der Hanse und auch mit Venedig. Um 1450 hatte die Stadt beinahe 100 000 Einwohner. Noch heute ist Brügge bekannt für seine Spitzen und Stoffe.

Die italienischen Geldwechsler saßen an langen, schmalen Tischen oder Bänken, was die Herkunft des Begriffes „Bank" als Bezeichnung für ein Geldinstitut erklärt.

Gewürze aus Asien wurden auf dem Land- und auf dem Seeweg nach Europa importiert. Diese mittelalterliche Miniatur (links) zeigt die Ernte der unreifen Früchte vom Pfefferstrauch, irgendwo in Südasien. Die geernteten Pfefferbeeren wurden anschließend getrocknet und zu Pfefferkörnern verarbeitet, die man auch heutzutage noch im Handel erhält.

Das Mongolenreich

Fast 200 Jahre lang wurde das größte Imperium, das die Welt je gesehen hatte, von einer Reihe nomadisch lebender Krieger regiert, die aus Gebieten in Zentralasien (heute Mongolei, China und Russland) stammten. Es handelte sich um die Mongolen, eine Gemeinschaft von Stämmen oder Familienclans, die verstreut in dem weiten, offenen Grasland der Region lebten. Sie durchzogen das Land auf dem Rücken ihrer Pferde und wanderten mit ihren Zelten und ihrer Habe auf Karren von einer zur nächsten Lagerstätte. Mit ihnen zogen Herden von Schafen und Ziegen zu neuen Weideplätzen. Im frühen 13. Jahrhundert wurden die Mongolenstämme vereinigt und hatten zum ersten Mal einen einzigen, mächtigen Anführer, Dschingis Khan. Dieser begann mit der Bildung des mongolischen Weltreichs, indem er in das Land nahe gelegener Königtümer einfiel und es eroberte. Es erwies sich als schwierig, das riesige Reich zusammenzuhalten und während des 15. Jahrhunderts zerfiel es in viele einzelne Teile.

Im Jahr 1206 wurde ein 39-jähriger Mongole namens Temüdschin zum Herrscher der Mongolen oder Khan ernannt. Er gab sich den Namen Dschingis, was in Verbindung mit Khan „Weltherrscher" bedeutet. Dschingis Khan (1167-1227) gelobte, die Welt zu erobern, und innerhalb weniger Jahre bedeckte sein großes Reich tatsächlich Asien und Länder darüber hinaus.

Das Reich der Mongolen

Die Armeen von Dschingis Khan und den ihm nachfolgenden Herrschern strömten von den Ebenen Zentralasiens in die Länder ihrer Nachbarn. In seiner größten Ausdehnung erstreckte sich das mongolische Imperium von Korea im Osten bis nach Polen im Westen und von der Arktis im Norden bis nach Persien im Süden. Kein anderes Reich, ob in früherer Zeit oder heutzutage, hat je ein so großes Gebiet regiert.

Den Erfolg der Mongolen begründete vor allem ihr Wissen über Pferde und ihr Geschick als Reiter. Pferde waren schnell und konnten weite Entfernungen in kurzer Zeit zurücklegen. Im Kampf nutzte die Kavallerie diese Schnelligkeit, verbunden mit dem Überraschungsmoment, um den Feind zu bezwingen. Mongolische Reiter kämpften mit Pfeil und Bogen sowie mit Lanzen.

Auf dem Pferderücken stemmte der mongolische Reiter seine Füße in die Steigbügel. So gelang es ihm, die Balance zu halten, während er mit hoher Geschwindigkeit ritt und dabei mit seinem Bogen Pfeile abschoss.

Kublai Khan (1216-1294) war der Enkel Dschingis Khans. Er war ein Staatsmann und Krieger, und unter seiner Herrschaft eroberten die Mongolen einen Großteil Chinas. Kublai verlegte die Hauptstadt seines Reiches nach Peking und ernannte sich selbst zum Kaiser Chinas, dessen erster Fremdherrscher er war. Er baute Straßen, gab den Armen zu essen und kümmerte sich um die Kranken.

Steigbügel

Eine solche bronzene Scheibe (rechts) mit einer eingravierten Nachricht wurde an Personen ausgehändigt, die in offizieller Mission unterwegs waren. Die Scheibe fungierte als Pass und sicherte ihrem Besitzer die Freiheit zu, nach Belieben im Land umherreisen zu können. Selbst Leute, die des Lesens nicht mächtig waren, verstanden auf Anhieb die Bedeutung der Scheibe.

Sättel waren aus Holz gemacht. Sie waren teuer und trugen oft außergewöhnliche Verzierungen.

Jedes Mal, wenn sie zu einer neuen Lagerstätte aufbrachen, nahmen die Mongolen ihre Zelte, die Jurte genannt wurden, mit sich. Eine dicke Schicht Filz, die man aus Schafwolle herstellte, wurde über einen Rahmen aus Holzstangen gebreitet. Dann wurden Tücher aus Segeltuch über den Filz geschlagen. Die Tür wurde nach Süden ausgerichtet, damit der Innenraum vor Wind geschützt war.

In den 60er Jahren des 13. Jahrhunderts begannen zwei Händler aus der italienischen Stadt Venedig, Nicolò (der Vater Marco Polos) und Maffeo Polo, Handel mit den Mongolen zu treiben. Die Brüder statteten dem Herrscher Kublai Khan einen Besuch ab. Der Mongolenherrscher war wohl ebenso neugierig auf die Gäste wie diese auf ihn. Es ist möglich, dass Kublai Khan während dieses Treffens vom Christentum erfuhr, denn er händigte den Polos Briefe an den Papst aus, in welchen er darum bat, 100 weise Männer zu ihm zu schicken. Möglicherweise beabsichtigte er, dass diese den christlichen Glauben nach China bringen sollten.

Wenn sie sich ins Gefecht stürzten, griff eine Gruppe der mongolischen Kavallerie den Feind aus nächster Nähe mit kurzen Stahläxten, Schwertern und Lanzen an. Diese Krieger waren auch für eine Konfrontation auf Distanz mit Pfeil und Bogen bewaffnet. Im Nahkampf dagegen verwendeten sie Schilde aus Korbgeflecht, um Schläge abzuwehren, während eine lederne Rüstung und eiserne Helme ihren Körper schützten.

Unter den Mongolenherrschern erlebten die Künste, beispielsweise das Theater, eine Blütezeit in China. In den Städten wurden Theater errichtet, wo Schauspieler (siehe Tonfigur rechts) sangen, tanzten und Stücke aufführten, um das Publikum zu unterhalten. Beliebt waren Theaterstücke, deren Geschichten sich in Gerichtshöfen abspielten und sowohl ernst als auch heiter sein konnten.

Die hochwertige Kleidung der Mongolen wie diese Tunika, die von einem Mann im 14. Jahrhundert getragen wurde, war aus Seide gearbeitet. Die Seidenweberei war in China viele Tausende von Jahren gepflegt worden, und das genaue Vorgehen war ein gut gehütetes Geheimnis. Man gewann den Seidenfaden, indem man den Kokon der Seidenraupe aufzog und den Faden auf einen hölzernen Rahmen spannte. Der Seidenfaden war so fein, dass mehrere zusammen genommen werden mussten, um einen einzigen Faden zu erhalten, der fest genug war, um ihn auf einem Webstuhl zu spinnen.

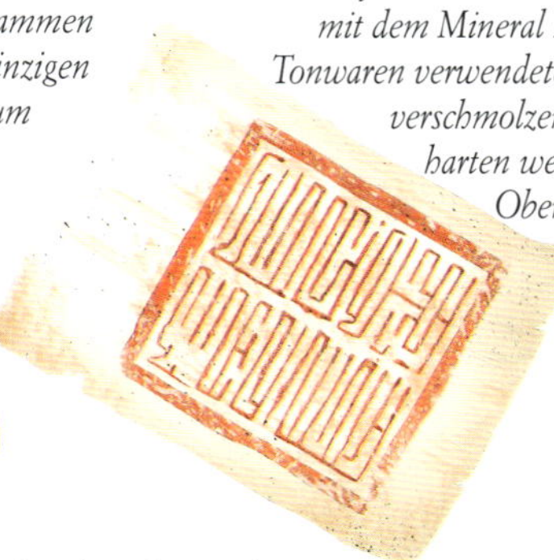

Jahrhundertelang hatten die Mongolen in einer Schrift geschrieben, die Uigurisch genannt wurde. Als sich ihr Herrschaftsgebiet auch in andere Länder ausdehnte, wurde Uigurisch dort nicht verstanden. Kublai Khan versuchte dieses Problem zu lösen, indem er eine Schrift für alle einführte. Diese Schrift wurde nach ihrem tibetischen Erfinder Phags-pa benannt und ist hier auf einem hölzernen Siegel zu sehen.

Eine der größten Erfindungen der Chinesen war das Porzellan. Bereits im 7. Jahrhundert mischten Töpfer den feinen Ton Kaolin mit dem Mineral Feldspat, das sie zur Herstellung ihrer Tonwaren verwendeten. Wenn sie es auf 1400°C erhitzten, verschmolzen diese Zutaten miteinander zu einem harten weißen Material mit einer glasähnlichen Oberfläche. Europäische Töpfer erlernten die Porzellanherstellung erst im 18. Jahrhundert

Die Reconquista

Im frühen 8. Jahrhundert fielen die Mauren – Araber, Berber und andere muslimische Völker aus Nordafrika – in Spanien ein. Während des 11. Jahrhunderts kämpften verschiedene maurische Gruppen miteinander, und ihr Gebiet zerfiel auf diese Weise in viele kleine muslimische Staaten. Vereinzelte christliche Gruppen in Nordspanien, die unabhängig geblieben waren, nutzten die Gelegenheit, ihre Königreiche gegen Süden hin auszudehnen, indem sie die Mauren immer weiter in Richtung Mittelmeer drängten. Kastilien wurde das mächtigste der spanischen Königreiche, und seine Soldaten führten den Kampf gegen die Mauren an. Während des 13. Jahrhunderts erlangte Portugal die Herrschaft über sein heutiges Staatsgebiet, und bald danach war das von den Muslimen beherrschte Land auf das Königreich von Granada im äußersten Süden Spaniens beschränkt. Die Mauren hielten ihre letzte Bastion dort für weitere 200 Jahre, bis Spanien unter Führung der vereinten Königreiche von Kastilien und Aragonien die Mauren endgültig vertreiben konnte. Im Jahr 1492 war die Rückeroberung Spaniens abgeschlossen.

Die Nasriden
Die Herrscher der Nasriden regierten Granada von 1238 bis 1492. Der erste Nasridenherrscher, Mohammed al-Ghalib, war ein Vasall von König Ferdinand III. von Kastilien, aber er machte Granada reich und mächtig, indem er muslimische Flüchtlinge von den zurückeroberten Territorien Sevillas, Valencias und Murcias aufnahm.

Vase aus der Zeit der Nasriden-Herrschaft in Granada, der letzten der muslimischen Dynastien in Spanien.

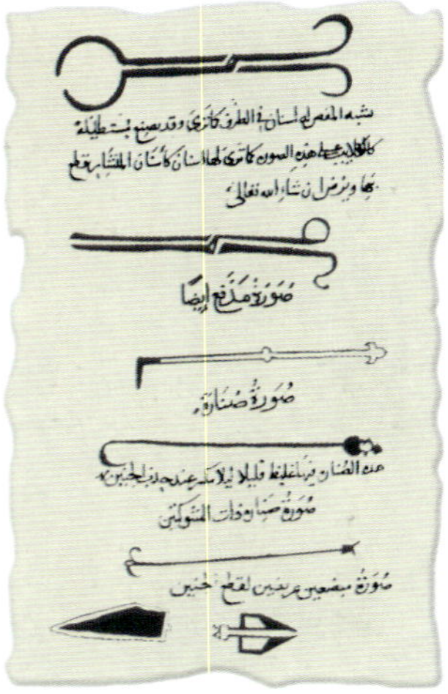

An seinem Hof in Córdoba versammelte der muslimische Herrscher oder Kalif die bedeutendsten Gelehrten seiner Zeit. Die Bibliothek des Kalifen al-Hakan hatte im 10. Jahrhundert einen Bestand von etwa 400 000 Büchern. Dieses Manuskript zeigt chirurgische Instrumente.

Die Stadt Córdoba wurde im Jahr 711 von den Mauren eingenommen und im Jahr 756 zu ihrer Hauptstadt ernannt. Neun Jahre später errichteten sie hier die Große Moschee, die für ihre außergewöhnlich schöne Architektur (links) bekannt ist. Seide, Lederartikel und Schmuck aus Córdoba waren im mittelalterlichen Europa geschätzte Artikel.

Der Löwenhof (unten) ist einer der vielen schönen Höfe und Gärten innerhalb der Alhambra, die sich oberhalb der Stadt Granada erhebt. Die Zitadelle trug den arabischen Namen Al-Qal'a al-Hambra, das so viel bedeutet wie „rote Festung" – ein Name, der sich aus der Farbe der sonnengetrockneten Lehmziegel des äußeren Mauerwerks ableitet. Obwohl sie ursprünglich als militärische Festung erbaut wurde, entwickelte sich die Alhambra insbesondere während der Amtszeit von König Yusuf I. zu einem wunderschönen Palast. Ihre Höfe werden von schattigen Arkaden und Terrassen gesäumt.

Die letzte Festung der Mauren
In Granada errichteten maurische Krieger auf den Überresten einer alten Festung mit dem Namen Alcazaba eine neue Festung. Sie verstärkten das ursprüngliche Bauwerk mit hohen Mauern, Türmen und Wehrgängen. So entstand die berühmte Zitadelle der Alhambra, die Häuser, Geschäfte, Moscheen, öffentliche Bäder, ein Gefängnis, ein Krankenhaus und einen Palast innerhalb ihrer Mauern einschloss. Als die Mauren gezwungen waren, sich immer weiter zur Küste der Mittelmeeres hin zu verlagern, zog sich König Mohammed XI. auf seine sicherste Festung zurück. Doch die spanischen Streitkräfte waren übermächtig, und am 2. Januar des Jahres 1492 war Mohammed gezwungen, auch die gesamte Stadt Granada aufzugeben. Die muslimische Herrschaft in Spanien nahm damit ein Ende.

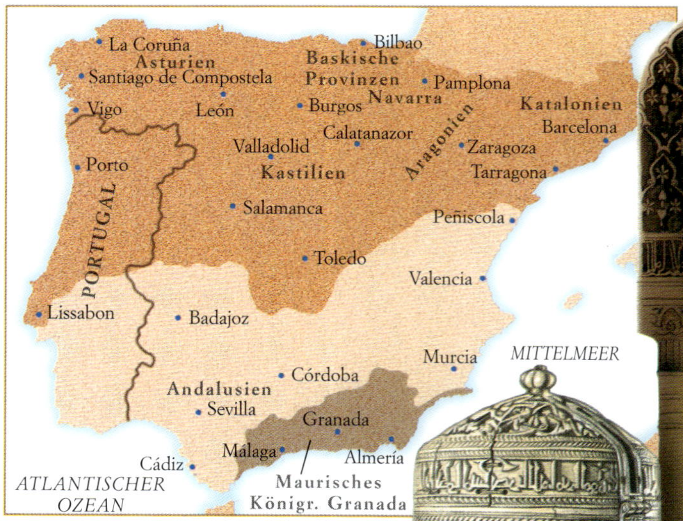

Christliches Spanien im Jahr 1150
Reconquista (1150-1275)
Reconquista (1492)

Dieser geschnitzte Kasten aus Elfenbein aus dem 10. Jahrhundert zeigt die kunstvollen symmetrischen Muster der maurischen Künstler.

El Cid

Rodrigo Díaz de Vivar (1043-1099) diente in der Armee des Königs von Kastilien. Im Jahr 1081 wurde er von König Alfons VI. verbannt, nachdem er zu Unrecht der Illoyalität angeklagt worden war. Daraufhin versammelte Díaz seine eigene kleine Armee und wurde nach erfolgreichen Schlachten reich und mächtig. Er wurde bekannt als El Cid, abgeleitet von dem arabischen Wort „sayyid", das „Herr" bedeutet. Im Jahr 1094 errang er mit der Eroberung Valencias einen bedeutenden Sieg gegen die Mauren.

Diese Statue El Cids (links) steht in der kastilischen Stadt Burgos, wo der Held der christlichen Reconquista begraben liegt.

Diese Statue (links) zeigt einen der bedeutendsten muslimischen Philosophen des Mittelalters, der die meiste Zeit seines Lebens in Córdoba verbrachte. Averroes (1126-98), dessen arabischer Name Ibn Ruschd lautete, war Physiker und Richter, aber berühmt wurde er vor allem durch seine Bücher über die antiken griechischen Philosophen Aristoteles und Plato. Die Erläuterungen des Averroes hatten einen großen Einfluss auf Christen und Juden, und ebenso auf die Muslime. Er betrachtete die Philosophie als edelste Form menschlichen Denkens und war der Ansicht, dass Glaube und Verstand sich nicht widersprechen müssten. Averroes sah sie einfach als verschiedene Wege an, zur Wahrheit zu gelangen.

Gelehrte und Dichter genießen die Annehmlichkeiten des Gartens von Hisdai Ibn Shaprut (915-75), eines jüdischen Physikers, der Berater des Kalifen von Córdoba war.

Alkazar

Als die Bewohner Kastiliens und andere darum kämpften, ihr Land zurückzugewinnen, errichteten sie starke Festungen, um sich gegen die Mauren verteidigen zu können. Jedes dieser Bauwerke wird – nach dem arabischen Wort für Festung – Alkazar genannt, und die berühmtesten befinden sich in den Städten Segovia (1079 zurückgewonnen), Toledo (1085) und Sevilla (1248). Der Alkazar von Segovia (links) wurde im 11. Jahrhundert erbaut und diente seinem Zweck während des gesamten Mittelalters. Im Jahr 1862 wurde er durch ein Feuer weitgehend zerstört, seitdem hat man ihn aber wieder aufgebaut.

Kastilien und Aragonien

Die Heirat von Ferdinand von Aragón (1452-1516) und Isabella von Kastilien (1451-1504) führte zur Vereinigung der beiden größten spanischen Königreiche. Isabella war eine mächtige Königin, die auf die Unterstützung der Adeligen ihres Reiches zählen konnte. Ferdinand war daneben ein ausgesprochen geschickt agierender militärischer Führer, der Frieden und Stabilität nach Aragonien brachte. Die Vereinigung der beiden Königreiche bedeutete einen Wendepunkt in der Geschichte Spaniens. Bald danach konnten die Mauren vertrieben werden, und Ferdinand und Isabella sorgten dafür, dass wie ihre Kinder die Erben anderer Königreiche heirateten, wodurch Spanien mächtige Alliierte in ganz Europa gewann.

Die Vermählung von Ferdinand (links) und Isabella (rechts) vereinigte Kastilien und Aragonien zu einer Zeit, in der die Mauren mit Granada nur noch eine einzige wirkliche Festung besaßen.

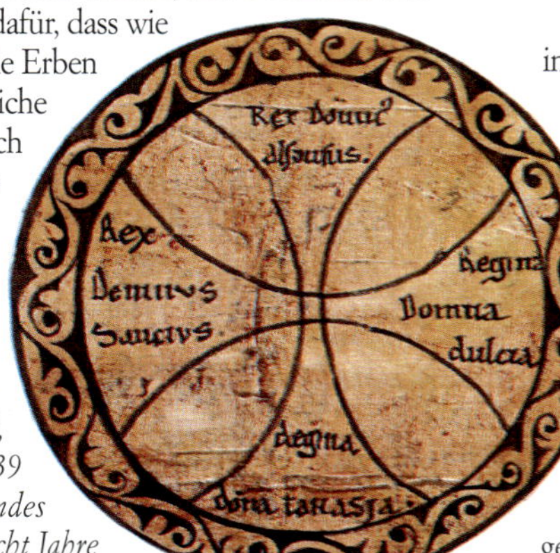

Das Siegel von Alfons-Heinrich (1110-85), bekannt als der „Eroberer", der erster König Portugals war. Im Jahr 1139 erreichte Alfons die Unabhängigkeit seines Landes von dem spanischen Königreich León und acht Jahre später vertrieb er auch die Mauren aus Lissabon.

Die spanische Inquisition

Im Jahr 1478 richtete Papst Sixtus IV. in Spanien die (staatliche) Institution der Inquisition ein, was bedeutete, dass überprüft werden konnte, wer den Lehren der römisch-katholischen Kirche folgte und wer nicht. Diejenigen, die das nicht taten, wurden als Häretiker bezeichnet. Viele Muslime und Juden, selbst jene, die zum Christentum übergetreten waren, wurden gezwungen, Spanien zu verlassen, während andere gefoltert oder auch getötet wurden. Die katholischen Könige Ferdinand und Isabella benutzten die Inquisition als ein Mittel, die Ergebenheit ihres Volkes nicht nur gegenüber der Kirche, sondern auch gegenüber der Krone zu erzwingen.

Die Almohaden

Die Almohaden waren ein maurisches Herrschergeschlecht, das von 1130 an einen Großteil Nordafrikas und Spaniens regierte. Alfons VIII. (1155-1214), der König von Kastilien, kämpfte viele Jahre gegen die Almohaden und musste im Jahr 1195 eine schwere Niederlage hinnehmen. Jedoch gelang es Alfons, die Unterstützung der benachbarten spanischen Königreiche Aragón, León und Navarra zu erhalten, und im Jahr 1212 konnte er einen bedeutenden Sieg über den Sultan der Almohaden bei Las Navas de Tolosa verbuchen, wobei er die Flagge der Almohaden (oben links) für sich eroberte. Diese zogen sich daraufhin in ihre nordafrikanischen Provinzen zurück.

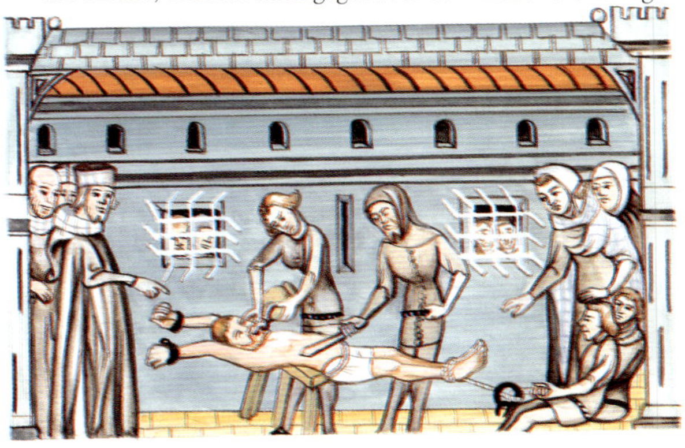

Wer vor den spanischen Inquisitionsgerichten der Ketzerei für schuldig befunden wurde, hatte mit harten Strafen zu rechnen. Die Verurteilten wurden gefoltert und oftmals hingerichtet. Ihr Eigentum wurde ihnen weggenommen und unter den Inquisitoren und dem königlichen Hof aufgeteilt. Dies spornte viele Menschen dazu an, Moslems und Juden zu beschuldigen.

Der Hundertjährige Krieg

Handelskrieg
Die Engländer führten den Krieg, um ihre Gebietsansprüche in Frankreich zu verteidigen, aber auch, um ihren einträglichen Handel – den Export von englischer Wolle sowie den Import von französischem Wein – mit Europa zu schützen.

Seit der normannischen Eroberung im Jahr 1066 verfügten die Könige Englands über umfangreiche Lehen in Frankreich. Auf dem Höhepunkt seiner Macht hatte England mehr als die Hälfte Frankreichs beherrscht, doch während der Regierungszeit von Eduard III. (1327–1377) befanden sich nur noch die südlichen Weinprovinzen Gascogne und Guyenne in englischer Hand, und es war lediglich eine Frage der Zeit, bis auch sie verloren gingen. Als der französische König 1337 Eduard das Herzogtum Guyenne als Lehen entzog, erklärte dieser Frankreich den Krieg. Das war der Beginn einer langen Serie von Invasionen und Überfällen, die sich mit Unterbrechungen mehr als hundert Jahre hinziehen sollten. Das Kriegsglück der beiden Parteien war wechselhaft. Die Engländer siegten in den Schlachten von Crécy (1346), Poitiers (1356) und Agincourt (1415). Als aber das junge Bauernmädchen Jeanne d'Arc 1429 die belagerte Stadt Orléans rettete, wendete sich das Blatt. Bis 1453 verloren die Engländer alle französischen Gebiete außer Calais, und der Krieg war zu Ende.

Eine während der Regierungszeit von Eduard III. geprägte Goldmünze zeigt den König in einem Schiff, zur Erinnerung an seinen Seesieg von Sluis (1340). Eduard war der erste englische Monarch, der Goldmünzen ausgab.

Um seinen rechtmäßigen Anspruch auf den französischen Thron zu unterstreichen, ließ Eduard III. das englische Königswappen ändern. Das neue Emblem, das die französische Lilie mit den Löwen Englands verband, prangte auf allen Standarten, Schilden und Rüstungen seiner Truppen.

Calais 1347 – Eduards' III. Geheimwaffe
Die Hafenstadt Calais an der Nordküste Frankreichs wurde 1347 von einem Heer Eduards III. umstellt. Während der langen Belagerung setzten die Engländer eine Geheimwaffe gegen die Franzosen ein – die Kanone. Erstmals in Europa wurde Schießpulver verwendet, um Bleikugeln und Pfeile abzufeuern. Calais wurde eingenommen und entwickelte sich zum wichtigsten Landepunkt der englischen Truppen in Frankreich.

Die erste wichtige Schlacht des Hundertjährigen Krieges fand vor dem flandrischen Hafen Sluis statt.

Sluis 1340
Eine englische Flotte von 180 Schiffen mit 4 000 Fußsoldaten und 12 000 Bogenschützen an Bord lief im Jahr 1340 die Küste Frankreichs an, als eine große französische Flotte auftauchte. Die Engländer, die den Wind und die Gezeiten auf ihrer Seite hatten, attackierten die französischen Schiffe, die zum Großteil vor Anker lagen und deshalb ein leichtes Ziel boten. Durch ihren Sieg in der Seeschlacht von Sluis besaßen die Engländer nun die Kontrolle über den Ärmelkanal und konnten ihre Truppen gefahrlos von einer Küste zur anderen übersetzen.

Agincourt 1415
1415 standen sich bei Agincourt 6 000 Soldaten von Heinrich V. und ein 20 000 Mann starkes Heer der Franzosen gegenüber. Als die französischen Ritter den Kampf zu Pferde eröffneten, trieben Heinrichs Bogenschützen sie mit einem tödlichen Pfeilehagel zurück und metzelten anschließend die französischen Fußsoldaten mit ihren Schwertern nieder. Es war ein vernichtender Sieg, der Heinrich V. in England zum Helden machte.

Eduards Grab befindet sich in der Kathedrale von Canterbury.

Der Schwarze Prinz

Eduard III. hatte sechs Söhne und fünf Töchter. Sein ältester Sohn Eduard (1330–1376) trug den Beinamen der Schwarze Prinz, da er stets mit einer schwarzen Rüstung in den Kampf zog. Der tollkühne Ritter, der sich in der Schlacht von Crécy auszeichnete, starb allerdings, ehe er den Thron Englands besteigen konnte.

Der burgundische Bankier Jacques Coeur.

Burgund

Burgund im Herzen Frankreichs war eine reiche, fruchtbare Region, die beide Parteien gern für sich gewonnen hätten. Als der Herzog von Burgund von Frankreich abfiel und zu England überlief, verfügte Heinrich V. über riesige Ländereien auf dem Kontinent. Doch als die Verbündeten eine Stadt nach der anderen aufgeben mussten, wechselte der Herzog 1435 erneut die Seiten und trug damit entscheidend zur Schwächung Englands bei.

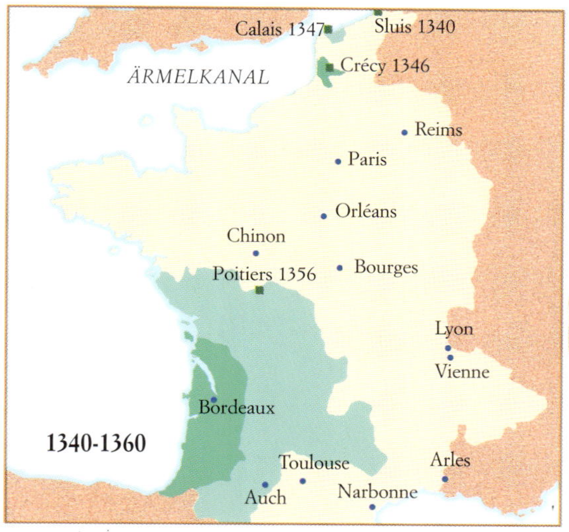

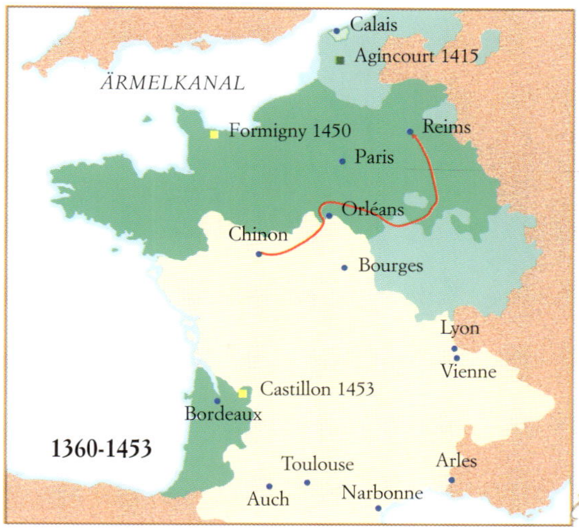

Englands Landgewinne während der langen Auseinandersetzung mit Frankreich: Als der Krieg 1453 zu Ende ging, hatten die Franzosen sämtliche Gebiete zurückerobert – mit Ausnahme von Calais, das noch bis 1558 in englischem Besitz blieb.

Die Folgen eines Krieges

In Frankreich wie in England trug die einfache Bevölkerung die Hauptlast des Krieges. Viele Bauern und arme Städter konnten die hohen Steuern nicht mehr bezahlen und lehnten sich gegen die Regierung auf. Die obige Illustration aus dem frühen 14. Jahrhundert zeigt Aufständische, die das Haus eines reichen Pariser Kaufmanns plündern.

Ab 1428 belagerten die Engländer Orléans, das wie die meisten mittelalterlichen Städte von einem mächtigen Festungswall umgeben war. Ein Jahr später gelang es französischen Truppen, die Belagerung aufzuheben und den Feind nach Norden abzudrängen. Das war der Beginn des englischen Rückzugs aus Frankreich.

Jeanne d'Arc (ca. 1412-1431), die als Johanna von Orléans in die Geschichte einging, glaubte himmlische Stimmen zu hören, die sie aufforderten, Frankreich zu retten. Sie half den französischen Truppen, Orléans von den englischen Belagerern zu befreien, wurde aber zwei Jahre später gefangen genommen und als Hexe verbrannt.

Das Geburtshaus der Jeanne d'Arc in Domrémy steht heute noch. Johanna war eine Bauerntochter, die auf den Hügeln in der Nähe ihres Dorfes die Schafe hütete.

Karl VII. von Frankreich (1422-1461) wird auch als Karl der Siegreiche bezeichnet. Während der Herrschaft Karls VII. konnte Frankreich einen Großteil seiner Gebiete von England zurückgewinnen.

Ritter und Kriege

Den berühmten mittelalterlichen Ritterromanen und Artussagen zufolge half der junge, tapfere Parzival (oben) bei der Suche nach dem heiligen Gral.

Die mittelalterlichen Adeligen teilten ihr Land unter den Rittern auf, die für den Kampf hoch zu Ross ausgebildet waren und für die Adeligen in den Krieg zogen. Gleichzeitig waren die Ritter an einen Ehrenkodex gebunden, der sie verpflichtete, dem König, der Kirche und der Dame ihres Herzens ebenso zu dienen wie ihrem Herrn. Doch längst nicht alle Ritter hielten sich an diese Regeln, und so fand sich „ritterliches" Verhalten in mittelalterlichen Ritterromanen vermutlich häufiger als im wirklichen Leben. Ritter waren die stärksten Männer der damaligen Gesellschaft, und schwächere mussten sich unter ihren Schutz begeben. Lebenszweck des Ritters war der Krieg, sodass sein Geschick im Kampf wichtiger war als alles andere. Um in Übung zu bleiben, nahmen die Ritter an Turnieren teil und forderten einander zum Zweikampf heraus. Manche waren recht brutale Männer, doch die besten Ritter nutzten ihre privilegierte Stellung, um sich durch Mut und ehrenvolles Verhalten auszuzeichnen.

König Artus mit seinen Rittern der Tafelrunde und Jesus. Parzival sitzt zur Rechten des Königs, Lanzelot zur Linken Jesu. Der runde Tisch stand im großen Saal eines legendären Schlosses. Da der Tisch wegen seiner runden Form kein Kopfende hatte, waren alle Ritter, die an ihm saßen, von gleichem Rang. Sie hatten sich durch eine Schwur verpflichtet, einander in Zeiten der Gefahr beizustehen und niemals gegeneinander die Hand zu erheben.

Die Artussage

Die ursprünglich aus keltischen Quellen stammenden sagenhaften Erzählungen über König Artus und seine Ritter waren im Mittelalter äußerst populär. Im 12. Jahrhundert schrieb der walisische Priester Geoffroy of Monmouth einige der Geschichten nieder, und auch der französische Dichter Chrétien de Troyes verfasste Gedichte über ähnliche Sagen. Ein von Wolfram von Eschenbach geschriebener deutscher Ritterroman aus dem Jahr 1212 handelt von Parzivals Suche nach dem heiligen Gral – nach dem Trinkgefäß also, das Jesus beim letzten Abendmahl benutzt haben soll. Die Artussagen spinnen sich um die Heldentaten und Abenteuer der Ritter der Tafelrunde.

Ein Knappe wurde von seinem Herren, manchmal auch von seinem König, zum Ritter geschlagen. Bei dieser Zeremonie kniete der künftige Ritter vor seinem Herren nieder, der ihn mit seinem Schwert an der Schulter berührte. Dem feierlichen Ritterschlag folgte oft ein großes Fest.

Diese Art eines oben abgeflachten Helms wurde ab dem frühen 13. Jahrhundert von Kreuzfahrern und anderen Rittern getragen. Mit seinen schmalen Augenschlitzen schützte er den Kopf vollständig. Die zur Verstärkung eingebauten Streifen an der Vorderseite bilden ein Kreuz, das Symbol der Kreuzritter. Da dieser große Helm nicht sehr eng anlag, waren keine Atemlöcher erforderlich.

Diese Miniatur aus dem 14. Jahrhundert zeigt, wie einem neuen Ritter nach dem Ritterschlag Schwert und Sporen übergeben werden. Damit sollte zum Ausdruck gebracht werden, dass der Ritter nun bereit war, für seinen Herrn zu kämpfen. Die Zeremonie bedeutete sehr viel für einen jungen Ritter, der in der Regel rund sieben Jahre als Page im Haushalt eines Adeligen zugebracht und danach weitere sieben Jahre als Schildknappe einem anderen Ritter gedient hatte. Nun hatte er endlich Gelegenheit zu zeigen, was er gelernt hatte.

Dieser Kopf eines Kreuzritters aus der Zeit um 1300 verdeutlicht, wie er Nacken und Ohren mit Hilfe eines Kettenpanzers schützte. Der Helm wurde über die Haube aus Kettenpanzer gestülpt. Um diese Zeit trugen viele Ritter ganze Kettenpanzeranzüge unter ihrer Rüstung.

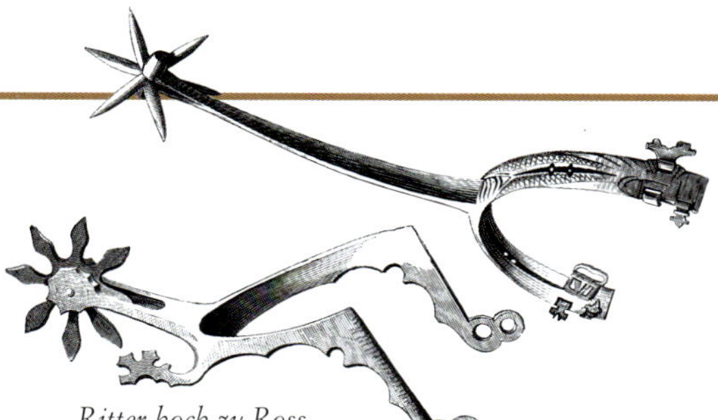

Ritter hoch zu Ross trugen an den Fersen Sporen, um ihre Pferde anzutreiben. Ab dem 15. Jahrhundert verfügten die Sporen über drehbare Spornrädchen. Den Sporen eines Ritters wurde auch symbolische Bedeutung zugemessen, und so waren einige von ihnen reich verziert.

Das Kettenhemd wurde häufig über einem genähten Wams getragen, das zusätzlichen Schutz bot. Über dem Kettenhemd legte mancher Ritter noch einen Brustharnisch an, womit er insgesamt über drei Schutzschichten verfügte.

Ein Stück Kettenpanzer bestand aus tausenden kleinen, miteinander verbundenen Eisenringe. Die Waffenschmiede verbanden mit Zangen die einzelnen Glieder miteinander und erreichten durch Hinzufügen oder Abnehmen ganzer Reihen die gewünschte Passform.

Dieser Ritter aus dem 15. Jahrhundert trägt hoch zu Ross eine vollständige Rüstung. Die eiserne Rüstung war nicht so schwer, wie sie aussieht. Die Waffenschmiede verbanden die einzelnen Platten so miteinander, dass dem Träger möglichst viel Bewegungsfreiheit blieb. Selbst der Fußpanzer, die so genannten Eisenschuhe, bestanden aus einer Reihe einzelner Panzerplatten, damit der Fuß bewegt werden konnte.

Das Schlachtross eines Ritters galt als ein sehr kostbares Gut. Kopf und Flanken des Tieres wurden durch Ketten- und Plattenpanzer geschützt.

1. Rossstirn
2. Halsstück
3. Fürbug
4. Geliege

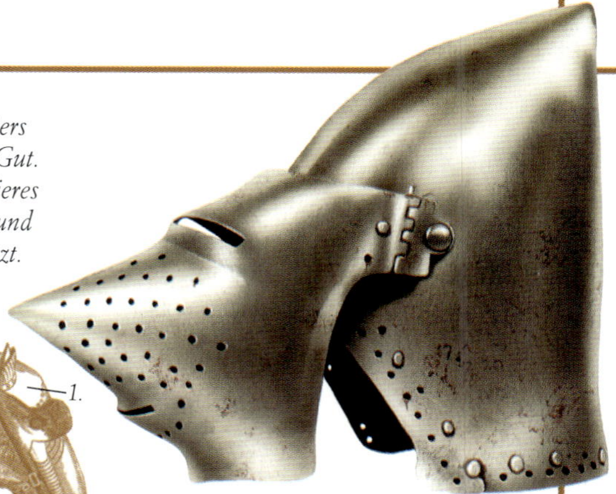

Dieser spitze Helm, eine so genannte Kesselhaube, hatte ein mit Scharnieren versehenes Visier vor dem Gesicht, das in ungefährlichen Situationen hochgeklappt werden konnte.

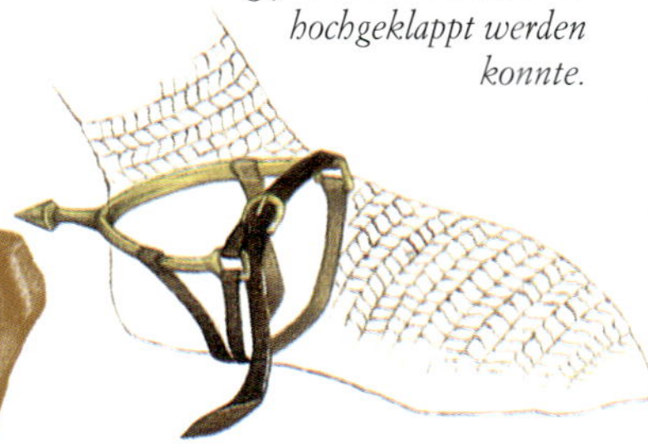

Einfache Sporen bestanden aus einem spitzen Metallstift. Die Ritter befestigten sie über der Rüstung mit Lederriemen am Knöchel.

Belagerungen

Belagerungen bildeten einen wichtigen Bestandteil der mittelalterlichen Kriegsführung, weil die Burgen so angelegt waren, dass sie leicht verteidigt werden konnten. Mitunter umzingelten die angreifenden Armeen ganz einfach die jeweilige Burg, schnitten sie von der Versorgung ab und warteten dann, bis die halb verhungerten Verteidiger nach Tagen, Wochen oder gar Monaten aufgaben. Andere Angreifer versuchten die Burg, unter Zuhilfenahme von Rammböcken, riesigen hölzernen Katapulten und Leitern mit Gewalt zu erstürmen.

In dieser Miniatur verschanzen sich die Angreifer hinter einer mit Rädern versehenen Deckung, während sie die Mauern der belagerten Burg zu durchbrechen versuchen. Manchmal gruben sie auch Tunnel ins Burginnere oder brachten die Mauer zum Einsturz. Die Verteidiger versuchten dies zu verhindern, indem sie Felsbrocken auf die Angreifer warfen oder sie mit siedendem Öl übergossen.

Armbrüste waren sehr durchschlagsstark, aber schwer zu laden. Bei kleinen Armbrüsten erfolgte das Spannen der Bogensehne mit Hilfe eines speziellen Hebels, während bei größeren eine mechanische Vorrichtung eingesetzt wurde. Armbrustschützen feuerten dicke, kurze Bolzen ab.

Dieser normannische Fußsoldat in der Schlacht von Hastings im Jahr 1066 war mit einem Schwert und Speer bewaffnet und durch Kettenpanzer, Helm und Schild geschützt. Die normannische Armee verfügte auch über berittene Truppen und Bogenschützen. König Harald von England fiel einem normannischen Pfeil zum Opfer.

Die Steinschleudermaschine war ein mit Gewichten betriebenes hölzernes Katapult. Mit Hilfe einer Winde wurde der lange Arm nach unten gezogen, woraufhin man in die Schlinge am Ende des Arms einen großen Stein legte. Gewichte am anderen Ende ließen den langen Arm des Katapults hochschnellen, sodass der Stein durch die Luft geschleudert wurde.

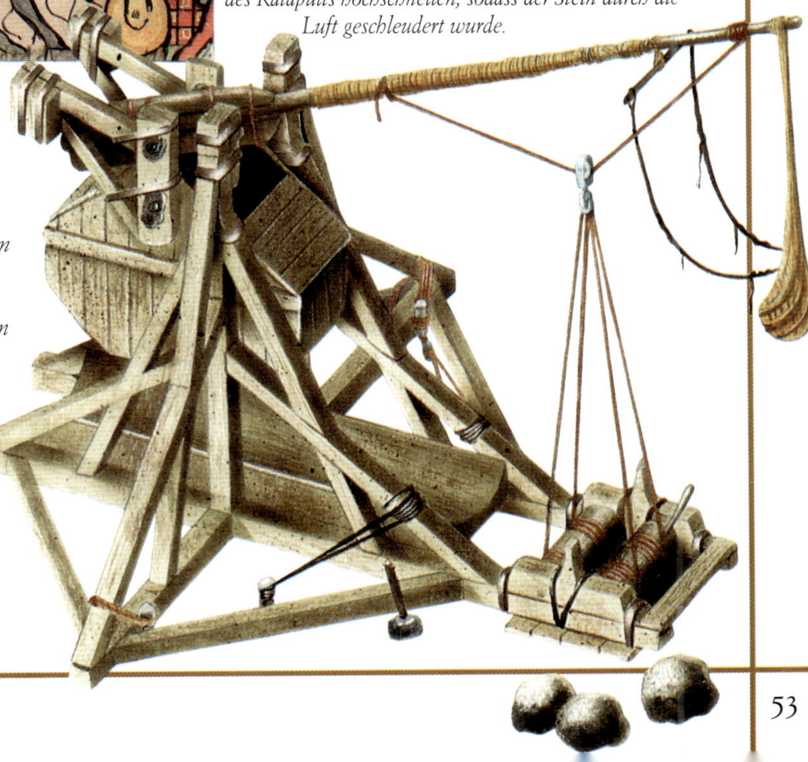

Lösegeld für Ritter

Die Ritter verdienten sich im Krieg oft ein Zusatzeinkommen dadurch, dass sie Feinde nicht töteten, sondern gefangen nahmen. Ein gefangener Feind konnte gegen Naturalien oder eine Geldsumme, deren Höhe vom Reichtum oder Rang des Gefangenen abhing, freigekauft werden. Als König Johann II. von Frankreich im Jahr 1356 bei Poitiers einer Gruppe unter der Führung des „Schwarzen Prinzen“ Eduard in die Hände fiel, erklärte er den Engländern, er sei eine so bedeutende Persönlichkeit, dass das Lösegeld, das sie für ihn bekommen konnten, sie alle zu reichen Männern machen würde. Zu seinem Unglück aber stellte sich heraus, dass er nicht in der Lage war, die geforderte Summe aufzubringen.

Langbogen waren in der Hand guter Schützen Waffen mit tödlicher Treffsicherheit. Ein Langbogenschütze konnte in derselben Zeit, die zum Laden einer Armbrust erforderlich war, eine ganze Reihe von Pfeilen abschießen.

Die langen Holzpfeile waren mit Federn versehen.

Musik und Unterhaltung

Die mittelalterliche Laute war ein Vorläufer unserer heutigen Gitarre. Sie wurde von fahrenden Sängern gespielt, die Lieder über tapfere Taten von Rittern und die Liebe ihrer Damen zum Besten gaben.

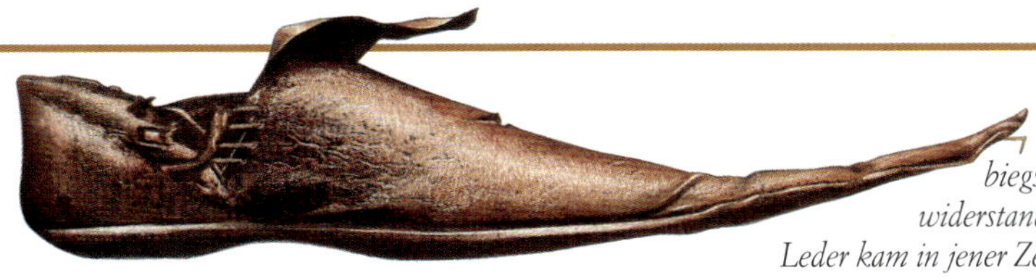

Solche langen Schuhe, die den Zehen viel Bewegungsfreiheit ließen, wurden aus dem biegsamen Ziegenleder gefertigt und mit einer harten, widerstandsfähigen Sohle versehen. Das beste und weichste Leder kam in jener Zeit aus der spanischen Stadt Córdoba.

Dudelsäcke erfreuten sich im mittelalterlichen Europa großer Beliebtheit, genauso wie in einigen Teilen Asiens und Afrikas. Der Musikant blies in ein kurzes Mundstück, um den ledernen Beutel mit Luft zu füllen. Dann presste er den Beutel mit seinem Arm, um die Luft in die tönenden Pfeifen zu drücken.

Musik, Gesang und Tanz waren bei allen Gesellschaftsschichten des Mittelalters beliebte Formen der Unterhaltung. Allerdings konnten nur wenige Leute ein Instrument spielen, und diejenigen, die es konnten, zogen als Fahrende von einem Hof zum nächsten und von einem Markt zum anderen. Viele verschiedene Arten von Musikinstrumenten waren bereits erfunden und einige von ihnen waren den heute bekannten Instrumenten schon sehr ähnlich. Troubadoure schrieben und sangen über Liebe und Ritterlichkeit, während Spielmänner auf Banketten und anderen Festen die Gäste mit Musik und oftmals derben Späßen unterhielten. Die Jagd mit einer Meute von Hunden und Falken war ein beliebter Zeitvertreib der Reichen, die mit ihrer Beute ihre Köche erfreuten und die Speisekammern füllten. Gewöhnliche Menschen hatten viel zu viel Arbeit, um ans Vergnügen überhaupt nur denken zu können, aber manchmal vertrieben sich die Dorfbewohner die Zeit mit Ballspielen.

Diese Seite stammt aus einem englischen Musikbuch des Jahres 1420. Sie zeigt, wie weit entwickelt die Notenschrift im Mittelalter bereits war.

Am Tisch der Reichen

Französische Troubadoure und deutsche Minnesänger waren Dichter und Musikanten in einer Person: Sie schrieben, vertonten und trugen ihre Lieder selbst vor, die nahezu immer von ihrer unerfüllten Liebe zu einer höher stehenden Dame erzählten. Diese und andere fahrende Sänger unterhielten die Herrschaften bei Banketten und anderen gesellschaftlichen Ereignissen. Der fahrende Sänger (rechts unten) spielt eine mittelalterliche Fiedel, die man aufrecht auf dem Schoß hielt und mit einem Bogen spielte. Die Gäste saßen an einem erhöhten Tisch, der sich auf einer Plattform befand, sodass die wichtigsten Gäste auf diejenigen herabblicken konnten, die an den niedrigeren Tischen speisten. Bei einem Bankett trugen zahlreiche Diener verschiedene Gänge von Fleischgerichten, Fisch und Geflügel auf, gefolgt von köstlichen süßen Nachspeisen.

Hanswurste unterhielten ihr Publikum mit Scherzen, Grimassen – und indem sie allerlei Schabernack trieben. Ein beliebter Spaßmacher wurde oftmals am königlichen Hof geduldet, wo er als „Narr“ auftrat und die Leute mit seinen Späßen zum Lachen brachte, die dadurch ihre Alltagssorgen ein wenig vergaßen.

Die Menschen im mittelalterlichen Europa feierten Hochzeiten, Feiertage und andere festliche Ereignisse gerne mit Tänzen. Erwachsene und Kinder führten besondere Schwertertänze auf oder tanzten um Maibäume. Die adelige Gesellschaft hingegen widmete sich eleganteren Darbietungen als den volkstümlichen Tänzen des einfachen Volkes. Wie auf diesem Detail eines Freskos des italienischen Künstlers Ambrogio Lorenzetti (1285-1348) zu sehen ist, führten die gehobenen Herrschaften einen so genannten Rundreigen auf, der – begleitet von Tanzliedern – Carole genannt wurde.

In den Häusern der Adeligen verlangten die Menschen nach Sicherheit und Privatsphäre und nach Schutz ihrer wertvollen Besitztümer. Dieses Schloss aus dem 15. Jahrhundert veranschaulicht sehr deutlich den Grad der Kunstfertigkeit, der für die Verzierung selbst einfacher Gegenstände aus Metall aufgewendet wurde. Das Schloss trägt die kunstvolle Inschrift IHS. Auch die Schlüssel, die aus der gleichen Zeit stammen, sind äußerst aufwendig gearbeitet.

Diese Geldbörse aus Leder hat einen sehr kunstvoll verzierten eisernen Rahmen mit einer Schließe. Solche Modeaccessoires ersetzten gewöhnliche Stoffbeutel, um Münzen aufzubewahren und eröffneten Kunsthandwerkern und Händlern neue Absatzmärkte.

Junge Männer im Mittelalter spielten eine einfache Form des Hockeys. Die Spieler in dieser Miniatur des 14. Jahrhunderts verwendeten Schlagstöcke und einen großen Lederball. Die anderen Spieler scheinen die Fertigkeit des jungen Mannes mit dem Ball zu bewundern.

Sport und anderer Zeitvertreib

Ballspiele waren im Mittelalter sehr beliebt, Kegeln, Hockey und Fußball eingeschlossen. In England forderten sich ganze Dörfer zu rabaukenhaften Fußballspielen heraus. Um das Jahr 1300 wurde das Spiel gleich zweifach von den englischen Königen öffentlich verboten – in erster Linie, weil es zu grob war, und auch, weil es die jungen Männer davon abhielt, sich im Bogenschießen zu üben. Bogenschießen und Ringen waren auch ein sehr beliebter Zeitvertreib und in England wurde wahrscheinlich bereits im 13. Jahrhundert eine frühe Form des Kricket gespielt.

Die Falkenzucht oder Falknerei war ein beliebter Sport im Mittelalter. Verschiedene Arten von Falken wurden darauf abgerichtet, hinter Hasen oder Tauben herzujagen, diese zu greifen und dann zu ihrem Eigentümer zurückzukehren. Die Falkner trugen einen dicken ledernen Handschuh, sodass sich der Vogel auf ihrer Faust festkrallen konnte.

Dieses mittelalterliche Schachbrett aus Elfenbein ist mit hölzernen Einlegearbeiten versehen. Auch die Spielfigur des Ritters ist aus Elfenbein.

Das Schachspiel wurde von den Muslimen im 8. Jahrhundert nach Spanien gebracht und verbreitete sich bis etwa 1000 von dort aus in ganz Europa. Die Spielfiguren scheinen direkt aus dem mittelalterlichen Leben gegriffen zu sein, denn sie spiegeln in groben Zügen die Gesellschaft wider: König, Königin, Ritter, Bischöfe und Bauern.

Turniere haben ihren Ursprung im Frankreich des 11. Jahrhunderts. Bei diesen aufregenden Veranstaltungen maßen die Ritter in verschiedenen Geschicklichkeitstests und Mutproben ihre Fertigkeiten.

Auch im 15. Jahrhundert gefiel es den Damen, sich nach der neuesten Mode einzukleiden. Ihre langen Röcke waren oft mit kostbaren Pelzen wie Hermelin, Marder oder Zobel besetzt, und die Damen begeisterten sich für die wunderschönen Seidenstoffe, die aus China kamen. Eine bevorzugte Kopfbedeckung war das hohe, hörnchenförmige Hennin, an dem ein kurzer Schleier befestigt war.

Ein Edelmann und eine Edeldame unter dem Zauber der höfischen Liebe. Dies war ein äußerst beliebtes Motiv in Liedern und Gedichten, und die höfische Liebe war den speziellen Gesetzen des höfischen Rittertums unterworfen. Normalerweise betete ein edler Ritter seine Herzensdame aus der Ferne an, ohne dass es jemals zur Erfüllung der Liebe kam.

Die Jagd

Das Jagen wurde als ein Zeitvertreib des Adels angesehen. Edelmänner und auch die Damen genossen es, hoch zu Pferde reitend, Hirsche, Wildschweine und andere Tiere durch das Unterholz zu jagen. Eigens zu diesem Zweck hielten sie Meuten von Hunden, und der Landbevölkerung war es nicht gestattet, an der Hetze teilzunehmen oder gar zu wildern. Es gab bestimmte Jagdgesetze, welche die jungen Knappen zu lernen hatten. Beispielsweise durfte ein männlicher Hirsch nur gejagt werden, wenn er über fünf Jahre alt war.

Gottfried von Straßburg (1170-1220), einer der bekanntesten deutschen Dichter des Mittelalters, schrieb das berühmte Epos „Tristan und Isolde". In diesem unvollendet gebliebenen Werk trinken die beiden Hauptfiguren Tristan and Isolde aus Versehen den verzauberten Minnetrank und verlieben sich daraufhin ineinander. Isolde ist jedoch bereits einem König versprochen, und ihre Liebe zu Tristan endet in einer Tragödie. Mehr als 600 Jahre später schuf der deutsche Komponist Richard Wagner (1813-83, links) auf der Grundlage des mittelhochdeutschen Versepos eine berühmte Oper mit gleichnamigen Titel.

Die Maya besaßen eine Bilderschrift, die bis heute noch nicht vollständig entziffert ist. Sie waren außerdem hervorragende Mathematiker und Himmelsbeobachter und entwickelten einen eigenen Kalender.

Weit draußen im Pazifik liegt mehr als 3200 km östlich von Chile die winzige Osterinsel. Die Insel wurde erstmals um 400 n. Chr. besiedelt. Im Lauf des folgenden Jahrtausends errichteten die Bewohner riesige Statuen aus Tuffstein. Obwohl es viele Theorien und Legenden über diese rätselhaften Kolosse gibt, ist bis heute ungeklärt, was sie bedeuten.

Die übrige Welt

Bis jetzt haben wir in unserem Atlas des Mittelalters vor allem die Ereignisse und Menschen in Europa und im Nahen Osten beleuchtet. Aber natürlich blieb die geschichtliche Entwicklung in der langen Zeitspanne zwischen 500 und 1500 n. Chr. auch in der übrigen Welt nicht stehen. Im Fernen Osten wurde China im 6. Jahrhundert zu einem Großreich vereint und erlebte unter drei großen Dynastien in Folge eine Blütezeit der Kultur, bis 1279 die Mongolen einfielen und einen Teil des Landes besetzten. Ihre Herrschaft war jedoch nur von kurzer Dauer, und die mächtige Ming-Dynastie konnte 1368 erneut die Einheit herstellen. In Amerika, von dessen Existenz die Europäer (mit Ausnahme einer Handvoll Wikinger) erst gegen Ende des Mittelalters erfuhren, gab es eine ganze Reihe unabhängiger Völker. Einige davon, wie die Maya und Inka, waren kulturell hoch entwickelt und besaßen ausgedehnte Reiche.

Amerika wurde während der letzten Eiszeit von Asien her besiedelt. Zur Zeit des europäischen Mittelalters hatten sich die Einwanderer über den gesamten nordamerikanischen Kontinent ausgebreitet. Viele von ihnen führten ein Nomadenleben als Jäger, Sammler und Fischer. Es gab aber auch Gruppen, die als Ackerbauern sesshaft wurden.

Das königliche Paar aus Terrakotta stammt aus dem 12. Jahrhundert und ist typisch für die Statuen von Ife (im heutigen Nigeria).

Die Zivilisation der Tolteken erlebte von ca. 900-1200 n. Chr. in Zentralmexiko ein goldenes Zeitalter. Die Tolteken bauten hohe Pyramidentempel, in denen sie ihren Göttern Opfer darbrachten.

Das Azteken-Reich, das um 1428 Zentralmexiko beherrschte, wurde knapp hundert Jahre später durch Cortez und die Spanier zerstört. Die Statue stellt einen Aztekengott dar.

Die Maya lebten im heutigen Südmexiko, Guatemala und Belize. Ihre Zivilisation entstand lange vor der Geburt Christi und erlebte ihre Blütezeit zwischen 200 und 900 n. Chr.

Die präkolumbischen Kulturen
Der Begriff „präkolumbisch“ bezieht sich auf die altamerikanischen Indianervölker, die vor der Ankunft der spanischen Entdecker im 16. Jahrhundert in Mexiko, Mittelamerika und der Andenregion lebten. Ihre Zivilisationen waren so fortschrittlich, dass sie es durchaus mit den Hochkulturen in Ägypten, China und Mesopotamien aufnehmen konnten. Zu den bekanntesten dieser Gruppen gehören die Maya, Azteken und Inka. Alle drei schufen Reiche, die ihre Blütezeit zwischen 500 und 1500 n. Chr. – also parallel zum europäischen Mittelalter. Die Ankunft der Europäer beschleunigte ihren Zerfall und brachte ihnen letzten Endes den Untergang.

Als der spanische Entdecker Francisco Pizarro die Anden erreichte, herrschten die Inka über ein gewaltiges Reich, das sich vom heutigen Kolumbien bis zu den nördlichen Regionen von Chile erstreckte.

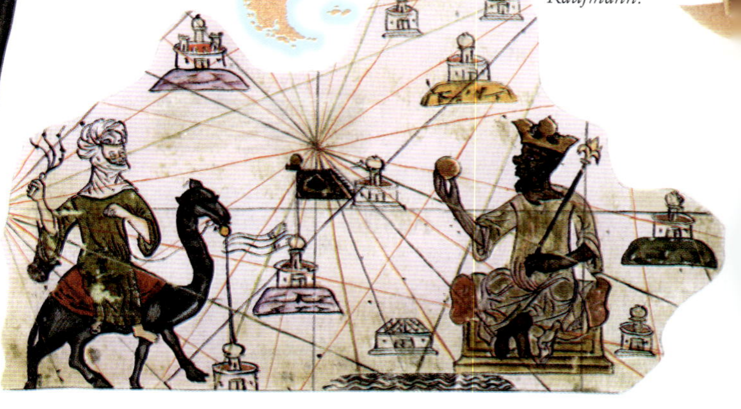

Der Kriegerkönig Mansu Musa aus Mali begrüßt einen muslimischen Kaufmann.

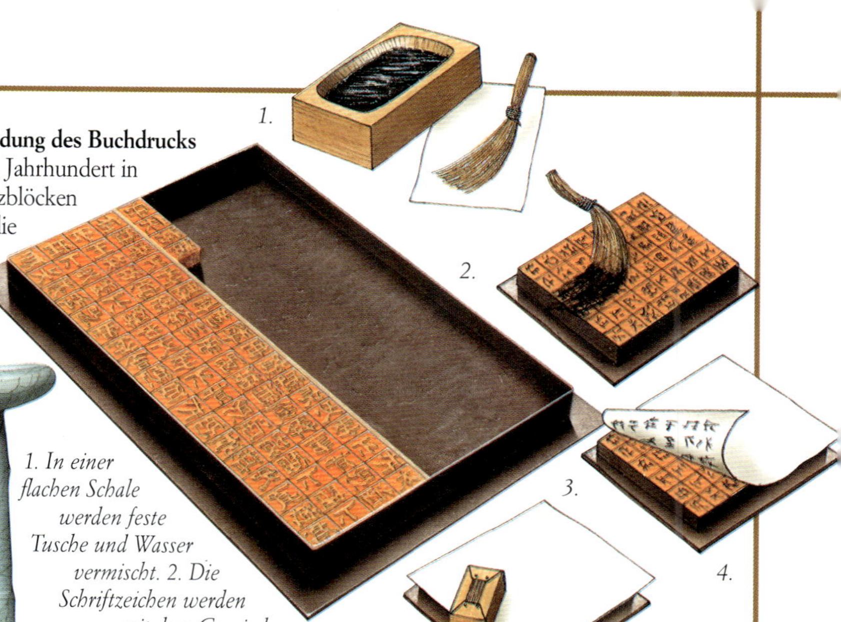

Die Erfindung des Buchdrucks
Das erste Buch wurde im 9. Jahrhundert in China mit Hilfe von Holzblöcken gedruckt, in deren Oberfläche die Schriftzeichen und Illustrationen einer ganzen Seite eingeschnitten waren. Etwa 150 Jahre später erfand Bi Sheng das Drucksystem mit beweglichen Lettern.

Unter der Tang-Dynastie (618-907 n. Chr.) erlebte China eine kulturelle Blütezeit. Die damalige Hauptstadt Chang'an hatte um 750 n. Chr. mehr als eine Million Einwohner und war damit die größte Stadt der Welt. Dieses farbenprächtige Pferd stammt aus der Tang-Epoche.

1. In einer flachen Schale werden feste Tusche und Wasser vermischt. 2. Die Schriftzeichen werden mit dem Gemisch eingefärbt. 3. Ein Blatt Papier wird über die eingefärbten Zeichen gelegt und mit einem Holzblock glatt angepresst. 4. Das bedruckte Papier wird abgezogen.

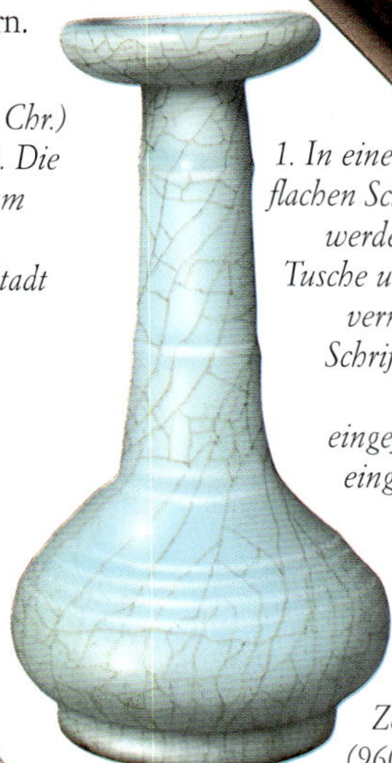

Dem Zusammenbruch der Tang-Regierung folgte eine Periode der Zersplitterung, ehe die Sung-Dynastie (960-1279) die Reichseinheit wiederherstellte. Die chinesische Literatur und Kunst erlebte einen neuen Aufschwung. Während des Mittelalters war China den Europäern in vielen Bereichen der Wissenschaft und Technik weit überlegen. Die hier abgebildete Vase entstand in der Sung-Zeit.

Die Ausbreitung des Buddhismus
Obwohl der Begründer des Buddhismus etwa fünf Jahrhunderte vor Christus lebte, blieb die Religion lange Zeit auf Indien beschränkt. Doch im Mittelalter gewann sie plötzlich große Popularität in China, Japan, Tibet und Südostasien. Dabei verschmolz der Buddhismus häufig mit lokalen Glaubenskulten und nahm unterschiedliche Formen und Namen an. Etwa zur gleichen Zeit verbreiteten sich auch der Islam und der Hinduismus in weiten Teilen Asiens.

ASIEN

PA

OZEANIEN

Indien erlebte im Mittelalter den Aufstieg und Zerfall vieler regionaler Reiche. Es kam zu einem starken Wiederaufleben des Hinduismus, während der Buddhismus an Einfluss verlor. Auch der Islam breitete sich aus, und die wiederholten Vorstöße muslimischer Heere nach Indien hatten ab 1200 zumindest im Norden des Landes Erfolg.

Trotz zahlreicher Versuche, die Reichseinheit unter dem Kaiser wiederherzustellen, blieb Japan ein geteiltes Land, in dem mehrere einflussreiche Sippen um die Vorherrschaft stritten. Eine Folge der zahlreichen Kämpfe war das Entstehen einer Kriegerkaste, der so genannten Samurai. Die Samurai lebten nach einem besonderen Ehrenkodex und trugen im Kampf aufwendige Rüstungen.

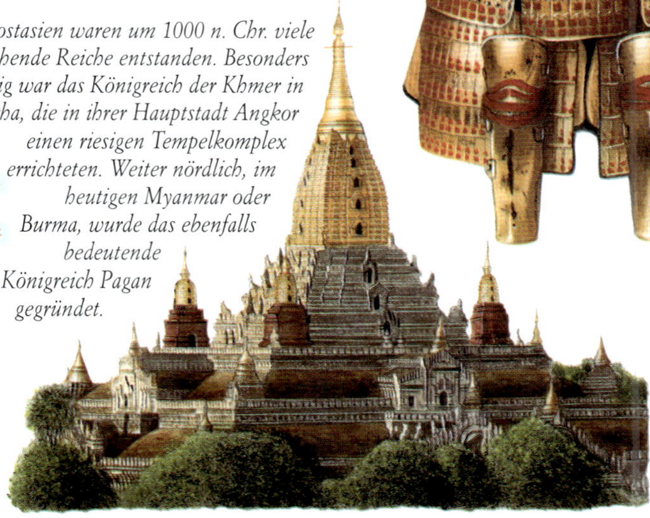

In Südostasien waren um 1000 n. Chr. viele blühende Reiche entstanden. Besonders mächtig war das Königreich der Khmer in Kambodscha, die in ihrer Hauptstadt Angkor einen riesigen Tempelkomplex errichteten. Weiter nördlich, im heutigen Myanmar oder Burma, wurde das ebenfalls bedeutende Königreich Pagan gegründet.

Die Moschee von Djenné in Mali, das sich nahe der einstigen Handelsstadt Djenné-djeno befindet.

Die Jäger und Sammler in Australien lebten immer noch auf der Stufe von Steinzeitmenschen.

Aus Polynesien kamen Maori mit seetüchtigen Kanus um 1200 n. Chr. nach Neuseeland. Sie besiedelten das Land und ernährten sich teils von der Jagd und teils vom Ackerbau. Der große Moa – eine flügellose Straußen-Art – starb bald nach ihrer Ankunft aus.

Die afrikanischen Königreiche
In der Zeit zwischen 500 und 1500 n. Chr. bildeten sich in den afrikanischen Gebieten südlich der Sahara viele Stammesfürstentümer, Städte und Reiche heraus. Gana, das älteste uns bekannte Königreich, existierte bereits um 700 n. Chr. Etwa 600 Jahre später entstand das Reich Mali, das stark von den muslimischen Ländern nördlich der Sahara beeinflusst war. Marktstädte wie Timbuktu und Djenné-djeno am Südende der Sahara-Karawanenstraßen entwickelten sich zu bedeutenden Handelszentren. Weiter im Süden gelangte Groß-Simbabwe im 13. Jahrhundert durch den Goldhandel mit der Ostküste zu Reichtum und Ansehen.

Suaheli-Kaufleute fuhren mit ihren Handelsbooten, den so genannten Mtepe, die Ostküste entlang und sorgten für einen regen Warenaustausch zwischen den Märkten von Ostafrika, Arabiens und Indiens.

Europa setzt die Segel

Das Mittelalter in Europa ging im 15. Jahrhundert seinem Ende entgegen, als Forschungsreisende neue Handelswege über das Meer nach Osten suchten. Innerhalb weniger Jahrzehnte fanden sie Schiffspassagen nach Indien und Südostasien über Afrika und das Rote Meer. Fast zufällig „entdeckten" sie dabei auch die beiden Teile Amerikas, als sie von Europa aus nach Westen segelten, um, wie sie zutreffend annahmen, damit in Richtung des Fernen Ostens vorzustoßen. Ihre anfängliche Enttäuschung darüber, zwischen sich und ihrem Ziel eine große Landmasse vorzufinden, verwandelte sich rasch in Begeisterung, als sie die gewaltigen Reichtümer Amerikas entdeckten. Dies führte zu neuen Erkundungs- und Eroberungsfahrten, die zu Beginn des 16. Jahrhunderts an Zahl und Umfang zunahmen. So entstanden zwischen Europa und der übrigen Welt immer mehr Kontakte und Handelsbeziehungen, und in gleichem Maße wuchs die Bedeutung Europas in der Weltpolitik.

Der erfahrene Seefahrer Christoph Kolumbus glaubte fest daran, dass die Erde eine Kugel wäre und er nur nach Westen zu segeln brauchte, um die sagenumwobenen Länder Japan und China zu erreichen. Viele hielten ihn für verrückt, doch einige – darunter das spanische Königspaar, das seine Fahrt im Jahr 1492 finanzierte – glaubten an seine Theorie. Kolumbus ging auf einer der heutigen Westindischen Inseln an Land, auch wenn er glaubte, die Küste Chinas erreicht zu haben. Nach drei weiteren Reisen nach Amerika starb Kolumbus in der festen Überzeugung, den westlichen Seeweg in den Fernen Osten gefunden zu haben.

Fortschritte in der Seefahrttechnik waren für die Entdeckungsreisen der Europäer im 15. und 16. Jahrhundert von entscheidender Bedeutung. So wurde ein neuer Schiffstyp – die Karavelle – erfunden. Das lange und schmale Schiff mit geringem Tiefgang und rechteckigen sowie dreieckigen Segeln war leicht zu beherrschen. Es konnte sowohl nahe der Küste als auch hart am Wind gesegelt werden, weshalb es ideal geeignet war für lange Fahrten auf hoher See, denen die Erkundung zerklüfteter Küsten und Flussmündungen folgte.

Handel und Entdeckungsreisen

Der Handel war der wichtigste Ansporn für die Erkundung bislang unbekannter Weltgegenden. Die Kaufleute suchten vor allem einen schnellen Weg nach dem Fernen Osten, aus dem Gewürze und andere Kostbarkeiten kamen. Der Niedergang des Mongolenreichs erschwerte den Handel zwischen Europa und Asien auf dem Landweg, und so wandten sich die Europäer dem Meer zu. Die Portugiesen und Spanier an der Atlantikküste verfügten über die ideale Ausgangsbasis für Entdeckungsreisen. Sie brauchten nur die Westküste Afrikas entlangzusegeln, das Kap der Guten Hoffnung zu umrunden und den Indischen Ozean zu durchqueren, um ihr Ziel zu erreichen.

Der portugiesische Entdecker Vasco da Gama (ca. 1460–1524) fand den Seeweg zwischen Europa und dem Osten. Seine drei Reisen (1497–99, 1502-03 und 1524) führten ihn die Westküste Afrikas entlang, um das Kap der Guten Hoffnung und nach Indien. Vasco da Gama trug entscheidend zum Aufstieg Portugals zur Weltmacht im 16. Jahrhundert bei.

Die Eroberung Amerikas

Kolumbus' triumphale Rückkehr nach Europa zog zahlreiche weitere Fahrten nach Amerika nach sich. Vor allem Spanier und Portugiesen wurden in dieser Richtung aktiv. Zunächst vom Reichtum an Holz und Zuckerrohr angezogen, hörten sie bald Gerüchte von geradezu fabelhaft reichen Hochkulturen weiter landeinwärts. Auf der Suche nach „Eldorado", dem Land des Goldes, besiegten Cortez und Pizarro bald die Azteken und Inkas, die mit ihren Pfeilen und Speeren gegen die Feuerwaffen der Europäer wenig ausrichten konnten. Bald schon waren die Eingeborenen unterworfen, wobei die meisten von ihnen nicht im Kampf starben, sondern an Krankheiten, die die Europäer eingeschleppt hatten.

Johannes Gutenberg (ca. 1398–1468) erfand im Jahr 1450 den Buchdruck mit beweglichen Lettern.

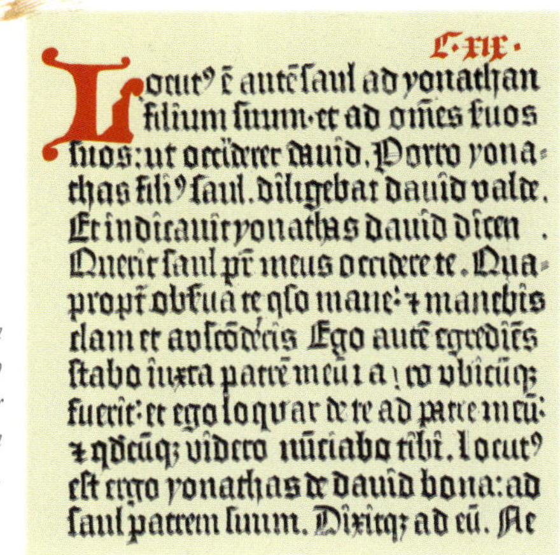

C·xix·
Locut⁹ ē autē saul ad ionathan filium suum·et ad omēs suos
suos: ut occiderent dauid. Porro iona-
thas fili⁹ saul. diligebat dauid valde.
Et indicauit ionathas dauid dicens .
Querit saul pr̄ meus occidere te. Qua-
propt obserua te q̄so mane: ⁊ manebis
clam et absconderis. Ego autē egrediēs
stabo iuxta patrē meū ī agro ubicūq;
fuerit: et ego loquar de te ad patrē meū:
⁊ q̄dcūq; videro nūciabo tibi. Locut⁹
est ergo ionathas de dauid bona: ad
saul patrem suum. Dixitq; ad eū. Ne

Eine Seite aus dem ersten gedruckten Buch der Welt, der im Jahr 1455 veröffentlichten Gutenberg-Bibel.

Die Revolution im Buchdruck

Gutenbergs Erfindung verbreitete sich rasch über ganz Europa. Im Jahr 1475 führte William Caxton die Technik in England ein. Die Erfindung der Druckerpresse hatte weit reichende Konsequenzen. Zuvor waren Bücher aufwendig per Hand abgeschrieben worden und deshalb ebenso selten wie teuer. Auf einmal aber waren sie – und die durch sie vermittelten Ideen – relativ billig und einer weit größeren Zahl von Menschen zugänglich. Als der deutsche Mönch Martin Luther (1483–1546) seine Kritik an der katholischen Kirche veröffentlichte, stieß diese bei einem breiten Publikum auf große Zustimmung, und so kam es schließlich zur Reformation.

An den Höfen von Renaissancefürsten wie Lorenzo il Magnifico von Florenz trafen sich Gelehrte und Künstler, um über neue wissenschaftliche Erkenntnisse und neue Ideen zu diskutieren.

Reiche Kaufleute und Bankiers förderten die Entstehung von Kunstwerken und Bauprojekten in einem Umfang, wie es die Welt seit dem Altertum nicht mehr erlebt hatte. Als der florentinische Künstler Filippo Brunelleschi in den Jahren 1418–36 die Kuppel des Doms von Florenz vollendete, war dies die erste Kuppel dieser Größenordnung seit dem Ende des Römischen Reiches.

Humanismus und Renaissance

Im 14. Jahrhundert begann in Italien eine Bewegung, in deren Verlauf immer mehr Gelehrte die Welt der Griechen und Römer als ideale Zeit verherrlichten, in der Wissenschaft und Kunst die ihnen zustehende Wertschätzung genossen. Sie sammelten Werke des Altertums, studierten griechische und lateinische Autoren und Künstler, und versuchten diese nachzuahmen. Die Folge war eine gewaltige Ausweitung des Wissens und der künstlerischen Produktivität, die zunächst von Italien ausging, sich dann aber über ganz Europa verbreitete. Sehr viel später wurde diese Zeit als Renaissance bezeichnet, was so viel wie „Wiedergeburt" bedeutet, weil man glaubte, dass Kunst und Wissenschaft nach 1000 Jahren der Finsternis die Perfektion des Altertums wiedererlangt hatten.

Der portugiesische Seefahrer und Entdecker Ferdinand Magellan (ca. 1480–1521) führte die erste Weltumsegelung an. Magellan selbst starb unterwegs auf den Philippinen. Von seinen fünf Schiffen kam drei Jahre nach dem Auslaufen nur eines nach Europa zurück, und von den ursprünglich 243 Mann Besatzung überlebten nur 18.

Die Nachricht von der Entdeckung Amerikas durch Kolumbus veranlasste den englischen König Heinrich VII. dazu, im Jahr 1497 Giovanni Cabotos Reise nach Nordamerika zu finanzieren. Caboto landete an der Küste des heutigen Kanada, wo er die englische Flagge hisste.

Francisco Pizarro (ca. 1475-1541), der spanische Eroberer des Inkareichs und Gründer der Stadt Lima.

Hernando Cortez (1485–1547), der spanische Eroberer, der das Aztekenreich vernichtete und Mexiko für die spanische Krone eroberte.

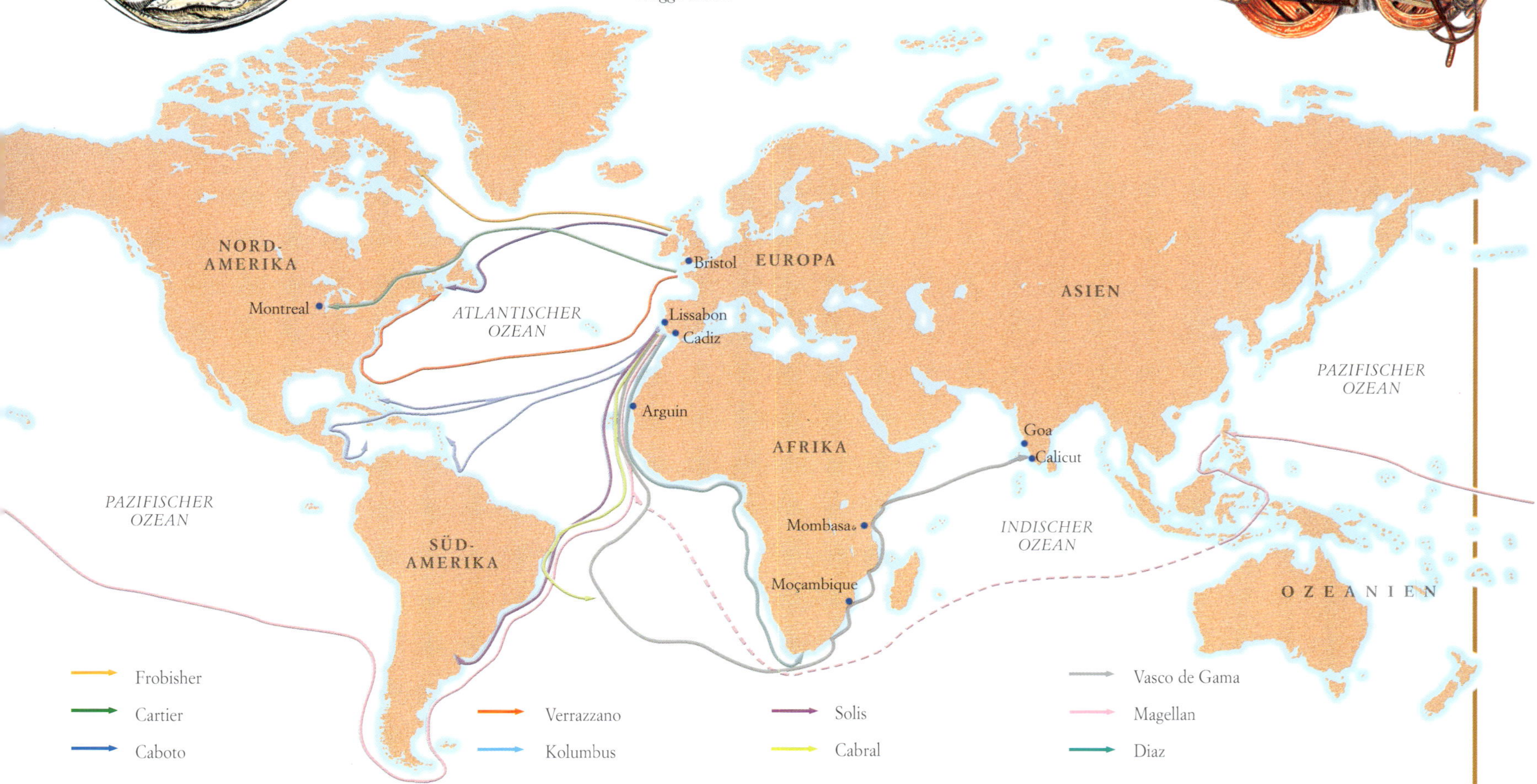

Kaufleute und Bankiers

Die Entdeckung neuer Handelsverbindungen und -straßen zog eine gewaltige Ausweitung des Handels nach sich. Mächtige neue Kaufmannsfamilien und Bankhäuser entstanden, die alles bisher da Gewesene in den Schatten stellten. Während in den vierziger Jahren des 15. Jahrhunderts die Medici in Florenz Aktiva im Wert von 1750 Kilo Silber verwalteten, waren es ein Jahrhundert später bei einer anderen großen Bankiersfamilie, dem Augsburger Geschlecht der Fugger, bereits 13 000 Kilo.

Die Entdecker benötigten neue Landkarten und andere Navigationshilfen. Um das Jahr 1400 verfügten die Katalanen und Italiener bereits über detaillierte Karten vom Mittelmeer, der Küste Westeuropas und Teilen der westafrikanischen Küste. Jenseits dieser Gegenden segelten sie mit Hilfe von Kompass (ursprünglich von den Chinesen entwickelt und von den Arabern nach Europa gebracht), Astrolabium und Quadrant. Anfang des 16. Jahrhunderts standen bereits einigermaßen genaue Karten der meisten Weltgegenden zur Verfügung.

Der Sklavenhandel

Der Sklavenhandel war eine der schwerwiegendsten Folgen der Erkundung Afrikas durch die Europäer. Etwa ab dem Jahr 1517 wurden immer mehr Afrikaner eingefangen und nach Amerika verschifft, wo sie als Sklaven verkauft wurden, um anschließend als Hausdiener oder Landarbeiter auf den großen Plantagen zu arbeiten. Bis zur Abschaffung der Sklaverei im 19. Jahrhundert wurden Schätzungen zufolge rund 15 Millionen Afrikaner Sklavenhändler verkauft.

Register